KB201606

주
와
같
이
가
는
길!

날마다
기적
입니다

날마다 기적입니다

초판인쇄	2019년 11월 18일
초판발행	2019년 11월 22일
지은이	이영진
발행인	조현수
펴낸곳	도서출판 프로방스
마케팅	이동호
IT 마케팅	신성웅
디자인 디렉터	오종국 Design CREO
ADD	경기도 고양시 일산동구 백석2동 1301-2
	넥스빌오피스텔 704호
전화	031-925-5366~7
팩스	031-925-5368
이메일	provence70@naver.com
등록번호	제2016-000126호
등록	2016년 06월 23일
ISBN	979-11-6480-024-7 03230

정가 15,000원

파본은 구입처나 본사에서 교환해드립니다.

주와 같이 가는 길!

날마다 기적입니다

이영진 지음

<샘뿌리>

"하나님과의 만남이 나에게는
인생에 가장 큰 기적이자 행운이었다"

올해 5월이었다. KBS 스페셜 '앎'이라는 다큐멘터리 프로그램을 통해 알게 된 '교회 오빠'가 영화로 개봉되었다는 소식을 들었다. 암 환자 부부의 암 투병과 고통 가운데서 하나님을 끝까지 붙들고자 했던 그들의 이야기를 보면서 깊은 감명을 받았던 터라 꼭 영화관에서 보고 싶었다. 그런데 울산에서는 상영해주는 영화관이 없어서, 가까운 부산에서 있는 상영관에 예매를 했다. 그리하여 토요일 오전 상영 시간에 맞춰 부산으로 건너가 영화 '교회 오빠'를 관람했다.

영화를 보는 내내 가슴이 먹먹했다. 그러다가 마지막 故 이관희 집사님이 숨을 거둔 직후 아내 오은주 집사님이 남편을 끌어안으며 울면서 기도했던 장면에서 눈시울이 붉어지며 눈물을 터뜨릴 수밖에 없었다. 나뿐만 아니라 극장 내에 있던 관람객들도 그 모습을 보며 연신 코를 훌쩍거렸다. 영적 싸움을 하는 우리가 기억하고 살아야 할 믿음의 고백은 이런 것이 아닐까 싶었다.

"주님 감사합니다. 주님 감사합니다. 아버지 하나님, 감사합니다. 우리 남편 천국 백성으로 삼아주셔서 감사합니다."

故 이관희 집사님은 두 번째 재발한 암을 치료받았지만, 차도가 없었다고 한다. 그래서 항암치료를 포기하고 3개월을 제주도에서 요양생활을 하였고, 그 후 강릉의 한 요양병원에서 마지막을 보내면서 죽는 날까지 매일 성경을 놓지 않았다고 한다. 심지어 정신이 몽롱하면 말씀을 읽을 수 없다며, 통증을 줄여주는 모르핀을 거부했다고 하니 진정한 크리스천의 모습이 아닐 수 없다. 또 한편으로는 오만가지 핑계를 대며 말씀을 읽지 않는 내 모습에 고개를 들 수 없었다.

예전부터 하나님을 만난 것이 인생의 가장 큰 기적이자 행운임을 많은 사람에게 알리고 싶었다. 그래서 2019년 3월부터 신앙에 관한 글을 쓰기 시작했는데, 故 이관희 집사님의 이야기는 다른 '교회 오

5

빠' 이자 신자로서 살아가며 글을 쓰는 내게 많은 도전과 선한 자극을 주었다.

내 경험과 깨달음이 믿음의 길을 걸어가는 수많은 크리스천에게 조금이라도 도움이 되었으면 좋겠다. 물론 예수님의 훌륭한 생애와는 비교하기 부끄러울 정도지만, 33가지의 진솔한 이야기가 당신의 신앙생활에 작은 보탬이 되길 바란다.

그렇다고 내 믿음이 훌륭하다거나 삶이 특별하지는 않다. 오히려 매우 평범하다. '이렇게 써도 사람들에게 도움을 될까?' 할 정도다. 그러나 중요한 점은 평범한 크리스천도 일상을 자세히 살펴보면, 그 속에서 하나님께서 우리를 위해 일하고 있음을 발견하게 된다. 하루를 살아가며 성령님께서 깨닫게 해주신 일을 전하며, 믿음으로 사는 우리가 더욱 예수님과 하나님 나라를 바라보고 살았으면 하는 마음을 담았다.

이 책은 교회를 처음 다니면서 믿음을 시작하는 사람, 모태신앙과 같이 신앙의 연수가 오래된 사람이 보고 조금이라도 위로와 격려를 얻었으면 한다. 더욱 바라는 점이 있다면, 이 책을 읽고 한 영혼이라도 주님께 돌아왔으면 좋겠다. 내 일상 이야기가 주님을 모르는 사람에게 예수님을 전하는 수단이 되길 원한다. 그리고 신앙생활은 생각보다 거창하지 않고, 마음에 평안을 얻게 한다. 하나님에 대해 잘 모른다고 할지라도 누구든지 작은 믿음으로 시작할 수 있으니 부담 없이 한번 시작해 보시길 바란다.

　마지막으로 출간하기까지 글을 꾸준히 쓸 수 있도록 끊임없이 도와주신 이야기의 주인공이신 성부, 성자, 성령 하나님께 감사와 기쁨으로 이 책을 바칩니다.

　"하나님은 모든 사람이 구원을 받으며 진리를 아는 데에 이르기를 원하시느니라. (디모데전서 2:4)"

2019년 11월 가을날에...

저자 **이영진**

"일상에서 눈에 보이지 않는 하나님과의 관계 속에서
목적에 따른 삶을 살고 싶은 사람에게"

　　　　　　지나온 시간을 돌아보며 자신의 일생을 정리하
여 글로 기록하는 것은 쉽지 않지만, 가치 있는 일입니다. 더군다나
목적에 따른 삶의 의미를 깨달아 이를 한 권의 책으로 낸다는 것은
참으로 귀한 일입니다. 이 책은 저자의 지난날을 돌아보며 창조주(創
造主)가 되시고 주권자(主權者)가 되시는 하나님과의 관계 속에서 지
나온 삶을 기록한 신앙수필로써 쉽게 읽을 수가 있습니다. 내용도
지극히 평범하고 단순합니다. 하지만 일상생활에서 하나님의 인도
하심 가운데 살아가는 삶의 모습을 잘 보여주고 있습니다. 흔히 사
람들은 기적적인 삶, 특별한 삶에 의미를 두고 신앙을 생각하지만
실상 그렇지 않습니다. 그런 삶은 일부, 그리고 특정한 기간에 지나
지 않습니다. 오히려 참된 신앙의 삶은 일상에서 볼 수 있어야 합니

다. 감사하게도 저자는 이를 생활 속에서 잘 보여주고 있습니다. 그러기에 이 책을 읽는 독자 역시도 자기 자신에게 쉽게 적용할 수 있습니다. 실상 진리는 먼 데 있지 않습니다. 가까운 데 있으며 생활 속에 있습니다. 행복도 마찬가지입니다. 일상의 자리가 바로 행복의 자리입니다. 때로 사람들이 이 평범한 사실을 깨닫지 못하고 무지개를 잡으려 하고 파랑새를 잡으려 하지만 그러면 그럴수록 힘이 들고 진리와도 멀어지고 행복과도 멀어집니다. 하지만 현실 속에 진리가 있고 행복이 있다는 사실을 깨닫게 되면 일상생활이 의미 있는 생활이 되고 하나님과의 관계 속에서 살아가는 참된 신앙생활이 됩니다. 이 사실을 저자는 잘 보여주고 있습니다. 그러기에 저자가 섬기는 교회를 담임하는 목회자로서 이 책을 기쁨으로 추천합니다. 일상에서 눈에 보이지 않는 하나님과의 관계 속에서 목적에 따른 삶을 살고 싶은 사람에게 이 책은 실제적으로 도움이 될 것입니다.

2019년 11월 13일

울산한빛교회 이창준 목사

Contents | **차례**

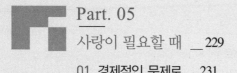

기적을

바랄

때

66

나는 하나님이 세상을 창조하시고
다스리는 분이심을 믿으며
증인으로 살아내고 싶다.
하나님께서 내 삶 속에서 베풀어주신
작은 기적으로 말이다.

99

01

내가 생각하는 간증은?

———

몇 해 전이었다. 우연히 예전에 축구선수였던 이영표 해설위원의 간증 영상을 보게 되었다. 그는 2002년 월드컵이 끝난 직후에 매일 새벽기도를 다녔다고 한다. 그에게는 한 가지 기도 제목이 있었다.

"하나님 저는 유럽에서 축구하고 싶습니다. 유럽으로 보내주십시오."

이영표 선수의 말에 의하면, 자신은 신체조건이나 여러 가지 능력으로 봤을 때 유럽에서 뛸만한 조건이 되지 않았다고 한다. 또한, 10년 전까지만 하더라도 유럽에서 뛰는 선수들은 안정환, 설기현 같은 공격수였으며, 수비수가 유럽에 진출한다는 것은 말도 안 되는 이야기라고 여겼던 시절이었다. 그런데도 이영표 선수는 유럽에 가고 싶다고 하나님께 기도를 드렸다고 한다.

그렇게 6개월이 지난 2002년 12월. 주일 예배에 참석해서 찬양하는데 마음이 뜨거워지면서 눈물이 흐르는 가운데 하나님께서 이영표 선수의 마음에 이런 말씀을 하셨다고 한다.

"내가 너를 유럽에 보내주겠다."

그 당시 이영표 선수는 깜짝 놀랐지만, 하나님께서 약속하신 말씀을 잊지 않기 위해 성경책에 적어놓기까지 했다. 그 일이 있고 2주 후, 거즈 히딩크 감독이 한국을 방문하게 되었는데, 갑자기 이영표 선수를 불렀다고 한다. 그때 스카우트 제의를 받고 4주 후에는 'PSV 아인트호벤(네덜란드)'에 소속되어 선수로 뛰게 되었다고 한다.

간증하는 가운데 그가 했던 말이 기억에 남았다. 언젠가는 이영표 선수처럼 이런 멋진 한마디를 사람들 앞에서 해보고 싶은 생각이 들었다.

"하나님께서 저를 유럽에 보내주셨어요."

그러나 현재 내게는 이영표 선수나 연예인들처럼 사람들이 주목할 만한 성공이나 업적이 없다. 세상에서 이름을 크게 떨치는 사람이 되면 성공하는데 주님이 하셨다고 말할 수도 있겠지만, 지금의 나로서는 그러한 간증은 할 수 없다. 그런데 생각해보니 한 가지 의문이 들었다. 교회 다니는 사람이나 예수님을 믿는 사람만 하나님이 베풀어 주신 일이나 기적을 가지고 '간증'이라는 것을 한다. 기독교 외의 다른 종교에서는 찾아볼 수 없는 특징이라고 하는데, 대체 '간증이란 무엇이며 왜 간증을 할까?' 하는 궁금증을 품게 되었다. 그래서 인터넷 검색을 해보니 사전적인 의미를 찾아볼 수 있었다.

간증은 한자로 '干證'이라고 표기하고 있는데, 방패 '간'과 증거 '증'자를 쓴다. 예전에는 남의 범죄에 관련된 증인을 뜻하기도 했지만, 현재 기독교에서는 자신의 신앙이나 종교적 체험을 고백함으로써 하나님의 존재를 증언하는 뜻으로 사용되고 있다. 또한, 자신의 지난 허물이나 죄를 공개적으로 고백하고 참회하는 동시에 받은 은혜를 나누는 행위를 통해서 하나님께 영광을 돌리는 일이라는 뜻으로 쓰이기도 한다.

간증의 의미를 살펴보니 꼭 고난과 역경을 딛고 성공한다거나 불치의 병으로 고생하다가 치유되는 놀라운 기적이 없어도 간증은 할 수 있겠다는 생각이 들었다. 간증의 목적은 자신에게 일어난 사건을 통해서 예수님을 드러내고, 성도들 앞에서 하나님을 높이는 것이 성공의 여부보다 더 중요한 것임을 깨닫게 되었다. 또한, 일일이 사례를 언급할 수 없지만, 간증이란 단어를 쭉 검색해보니 평범한 기독교 신자가 했던 간증의 사례도 많았다. 결국 간증은 특별한 일이 갑자기 생겨서 하는 게 아니라 일상에서 경험한 일들 가운데 하나님으로 인해 누리는 감사와 기쁨을 전하는 것이라고 결론짓게 되었다.

그런 생각으로 내 삶을 돌아보니 하나님이 내 삶에서 하시는 일들이 많았고, 사람들에게 전할 간증 거리가 많다는 사실을 깨달았다. 하나님께서는 우리가 생각하는 것보다 훨씬 더 자신의 백성을 위해서 온 힘을 다하고 계신다. 그래서 나는 간증은 '干證' 이 아니라 간절할 '간' 을 쓴 '懇證' 이라고 생각한다. 즉, 인간을 향한 하나님의 간절한 역사를 증거 하는 일이 '간증' 이 된다. 그렇기 때문에 하나님을 믿고 경험하는 사람은 누구든지 간증을 할 수 있다고 생각한다.

성공을 경험했든, 실패를 경험했든 아니면 질병으로 인한 고통을 경험했든지 삶 속에서 하나님께서 함께하신다는 이야기를 앞으로 자주 나누고 싶다. 일요일인 주일 이외에도 평소에도 그랬으면 하는 바람이다. 간증은 나눌수록 신앙이 견고해지고 마음도 뜨거워진다. 또한, 하나님 나라에 대한 소망이 더욱 간절해지고 구원에 대한 확신이 퐁퐁 솟는다. 앞으로 내 주변에서도 하나님의 일하심을 말하는 사람이 더 많아졌으면 좋겠다.

"네가 만일 네 입으로 예수를 주로 시인하며 또 하나님께서 그를 죽은 자 가운데서 살리신 것을 네 마음에 믿으면 구원을 받으리라. (로마서 10:9)"

02

나에게 하나님은

　　　　나는 엄마 뱃속에서부터 교회를 다녔던 모태 신앙이다. 어렸을 적에는 선교원이라고 해서 교회에서 운영하는 유치원을 다녔다. 고구마 밭에서 고구마 캐는 체험도 하고, 외고산 옹기마을에 가서 옹기가 만들어지는 과정을 구경하곤 했다. 간혹 친구들과 싸우면서 맞아서 울기도 했고, 책상 위에서 놀다가 떨어져서 코에 멍이 들기도 했다. 그런 말썽꾸러기를 선생님들은 많이 예뻐하시고 사랑해 주셔서 감사했다. 덕분에 유년 시절은 행복한 기억으로 남았다.

　초등학교에 들어가서는 일요일마다 초등부 예배를 드렸는데, 그리스도인으로서 지켜야 할 기본적 신앙습관을 배웠다. 밥 먹을 때 감사기도 하기, 예배 시간에 떠들지 않고 조용히 앉아서 예배드리기, 매 주일 헌금하기 등을 배웠다. 또한, 매년 여름성경학교에 참석하여 즐겁게 놀았다. 친구들과 한참 놀다가 권사님과 집사님이 해주신 밥과 간식을 맛있게 먹었다. 사실 이때까지만 해도 목사님이 하시는 말씀을 이해하지 못했다. 하나님과 나와의 관계는 어떤지, 혹은 앞으로 어떻게 하나님께 헌신하며 살지에 대해 진지하게 고민해 보지 않았다.

그렇게 즐거운 초등부 생활을 정리하고 중고등부로 진학하게 되었다. 중학교와 고등학교 형, 누나들과 신앙생활을 함께 하게 되면서 수련회라는 것을 알게 되어, 자연스럽게 울산지역 SFC 학생연합 수련회에 참석하게 되었다. 처음 참석하는 수련회는 초등부 시절처럼 그냥 어디 가서 맛있는 거 먹고, 즐겁게 놀고 오는 것으로 생각했는데, 실제로 참석해보니 전혀 다르다는 것을 알게 되었다. 울산지역의 각 교회 중고등부 지체들이 한자리에 모여서 찬양하고 말씀을 듣는데 생소했다. 또한, 말씀을 듣고 뜨겁게 기도하는 크리스천의 진짜 모습을 지켜보게 되었다.

그런데 강사 목사님께서 우리 옆자리에 앉아서 기도하고 계셨는데, 손뼉 치면서 중얼중얼하는 모습이 신기했다. 그 모습을 본 동기 민기와 대성이는 킥킥대기 시작했다. 나는 그 상황이 그다지 웃기지는 않았지만, 목사님이 도대체 왜 그렇게 하는지 이해할 수 없었다. 하나님께 기도하는 것은 알겠는데, 기도를 받으셔야 할 대상인 하나님은 눈으로는 보이지 않았기 때문이다. 그런데 집회 시간에 하신 강사 목사님의 말씀은 더 의아했다.

"여러분. 아직 하나님을 만나지 못하신 지체가 있습니까? 그렇다면 여러분은 오늘 지금 이 자리에서 하나님을 간절히 부르십시오. 간절히 부르는 자를 하나님은 만나주십니다. 오늘 밤, 꼭 이 자리에서 하나님을 만나고 가십시오."

모두가 소리 내어 기도하는데 내 마음에서는 강한 부정이 일어났다. 그래서 스스로 질문했다.

하나님을 만나라고? 눈에 보이지 않는데, 어떻게 하나님을 만날 수 있지?

그러나 함께 참석한 교회 형, 누나들이 큰 소리로 기도하면서 눈물을 흘리는 모습을 보니까 하나님이 진짜 있는 것 같기도 한데, 만난 적 없는 나는 의문만 품게 되었다. 그 후로도 매년 여름과 겨울 수련회에 참석했지만, 하나님을 눈으로 볼 수 없었다. 매번 내 기도 제목은 이것이었다.

"하나님. 정말 하나님이 진짜 살아 계신다면 제 앞에 나타나 주세요."

그렇게 5년이 지났고, 고등학생이 되었다. 2004년 겨울, 울산 10대들의 둥지에서 주관하는 틴즈페이스 수련회에 참석하게 되었다. 이번에는 기필코 하나님을 만나고 울산으로 돌아가리라 다짐하며, 수련회 모든 일정에 최선을 다했다. 밥도 거르지 않고, 열심히 챙겨 먹으면서 수련회 일정이 원만히 흘러가도록 다른 학생들을 독려하기도 했다. 다른 학생들을 위해 일하니까 즐거웠다.

수련회 5일 차인 금요일이었다. 점심을 먹고 다음 프로그램을 위해서밖에 서 있었는데, 몸이 으슬으슬했다. 머리를 만져보니 열이 나고 몸살 기운이 있었다. 그래서 담당 간사님께 말씀드렸다.

"간사님. 지금 머리가 아프고 몸이 안 좋은 거 같아요."
"그래? 많이 아프니?"
"네. 저 이번 프로그램 좀 쉬고 다음 프로그램부터 함께해도 될까요?"
"그렇게 해라. 아파서 어떡하니. 약이라도 먹을래?"
"괜찮아요. 조금 쉬면 괜찮을 거 같아요."

그렇게 말씀드리고 나서 배정된 숙소로 들어가 이불을 깔고 누워 있었다. 잠시 잠을 청해보려고 눈을 감았지만, 잠은 오지 않고 오히려 더 으슬으슬해졌다. 그러다가 갑자기 속이 메스꺼워져 급히 화장실로 달려갔다.

"우웩. 우에웩! 어어헉"

소화가 덜 된 음식물과 함께 눈물까지 토해냈다. 힘겹게 변기를 내리고, 숙소로 돌아와서 쉬고 있는데, 강당에서 프로그램에 참여하고 있는 학생들의 소리가 들렸다. 무엇을 하는지 모르겠지만, 웃음소리가 가득했다.

"좋겠다. 다들 안 아프고 재밌게 프로그램에 참여하고 있으니.......
그런데 왜 이렇게 외롭지? 굳이 몸이 이렇게 아프면서까지 고생하며 하나님을 만나겠다고 발버둥 치는 난 대체 뭐지?"

갑자기 뜨거운 눈물이 왈칵 쏟아졌다. 몸은 아프고, 뭔가 내가 크게 잘못한 게 있어서 하나님이 벌주시는 건 아닌지, 정성이 부족해서 안 만나주신 건 아닌지 하는 생각이 드니까 눈물이 났다.

시간이 속절없이 흘러 마지막 날 저녁 집회 시간을 맞이했다. 저녁 식사는 속이 안 좋아서 거를 수밖에 없었다. 보통 때와 같이 찬양하고 강사님 말씀을 듣게 되었다. 사실 앉아 있는데도 몸이 안 좋은 탓에 집중도 안 되고 졸리기만 했다. 정신이 멀쩡하게 돌아오게 되었을 즈음, 말씀 듣는 시간이 다 되어 갔다. 기도해야 하는데 뭔가 가슴 속에 남는 것이 없어 허탈했다. 오늘이 집회 마지막인데, '결국 아무것도 얻지 못하고 가는구나.' 하는 생각에 아쉬워했다.

말씀이 끝나고 바로 기도 시간이 되었다. 조명은 이내 어두워졌고, 학생들은 각자 자신만의 음성으로 감정을 담아 기도하기 시작했다. 곳곳에서 부르짖는 소리가 들려올 때 이번 기회가 마지막인 것처럼 절박한 심정으로 하나님을 찾게 되었다.

"하나님. 저는 아직 하나님을 만나 뵌 적도 없고 눈으로 본 적도 없어요. 그런데 친구들은 보니까 하나님을 만났다며 좋아하는데 저는 잘 모르겠어요. 하나님을 만난다는 게 무엇인지 궁금해서 미치겠어요. 정말 하나님은 살아 계세요? 진짜로 계신다면 볼 수 있게 제 앞에 나타나 주세요. 제발 저 좀 만나주세요."

그렇게 기도를 하고 있는데 디지털 피아노 반주가 시작되고 찬양을 부르게 되었다. 그런데 찬양을 듣자마자 눈에서 이해할 수 없는 눈물이 콸콸 쏟아졌다. 찬양 제목은 '하나님 아버지 마음' 이었다.

아버지 당신의 마음이 있는 곳에 나의 마음이 있기를 원해요.

아버지 당신의 눈물이 고인 곳에 나의 눈물이 고이길 원해요.

아버지 당신이 바라보는 영혼에게 나의 두 발이 향하길 원해요.

아버지 당신이 울고 있는 어두운 땅에 나의 두발이 향하길 원해요.

나의 마음이 아버지의 마음 알아 내 모든 뜻 아버지의 뜻이 될 수 있기를 나의 온몸이 아버지의 마음 알아 내 모든 삶 당신의 삶 되기를

지금껏 살아오면서 수많은 성경 속 인물들이 그러했듯이 지금도 나는 하나님을 눈으로 만나 뵙진 못했다. 그렇지만 찬양 가사처럼 하나님 아버지께서는 잃어버린 한 영혼을 사랑의 눈으로 바라보시면서 안타까워하시며 눈물짓고 계신다는 것을 깨달았다. '다른 사람이 아닌 지금 이 자리에서 기도하고 있는 미천한 나를 위해 신이신 하나님께서 울고 계시는구나.'라는 생각이 들었다. 비록 하나님을 눈으로 보진 못했지만, 아픔 가운데 외로워하는 나와 마음을 함께 나누고 싶어 하시는 분이 바로 하나님이심을 알게 된 것만 해도 충분했다. 그런 사랑을 깨달으니 가슴이 벅차오르고 눈물이 터져 나올 수밖에 없었다. '아. 내 눈으로 볼 수는 없지만, 하나님은 정말 살아계시는구나.' 하며 내 심경에도 변화가 생겼다. 앞으로 하나님을 아버지라고 부르면서 그분을 평생 나의 하나님으로 섬기기로 다짐했다. 하나님을 만나는 문제가 해결되니 마음이 한결 가벼워졌다.

기도의 시간이 끝나고 모든 학생이 즐겁게 하나님을 노래하며 기

뺨으로 춤을 추었다. 박자감이 없는 나도 강당을 헤집고 다니면서 춤을 신나게 추었다. 땀으로 온몸을 적시면서 아픈 것도 배고픔도 잊은 채 구원의 하나님을 노래했다.

그러다 보니 집회 시간이 끝났다. 주변 정리를 하는데 몸이 홀가분했다. 몸살 기운은 사라졌고, 메슥거리던 속이 씻은 듯이 나았다. 그 사실을 알게 되자마자 즉시 하나님께 감사를 드렸다. 보통 사람이 봤을 때는 단순히 식체 증상으로 볼 수도 있겠지만, 지금 다시 생각해보면 믿음이 작았던 내게 하나님께서 보여주신 증거가 아닌가 생각한다. 그렇게 하나님은 살아계시고 내 병든 마음과 육신을 치료해주시는 분으로 나를 만나주셨다. 앞으로 하나님 만나는 것을 포기하지 말고 살아있는 당신을 지속해서 알아가라는 뜻인 것 같았다.

모태신앙이라고 모두가 저절로 하나님을 잘 알게 되는 것은 아니다. 신앙생활을 오래 했다 하더라도 스스로가 참된 그리스도인인가를 반드시 점검할 필요가 있다. 그렇지 않다면 예수님과의 관계에서 만족함 없이 교회 생활만 하는 명목상의 출석 교인으로만 안주하게 된다. 심지어는 교회를 떠나 마음대로 사는 안타까운 사례도 발생한다. 하나님 없이는 아무것도 할 수 없는 죄인임을 스스로 고백하며, 겸손한 태도로 예수님을 믿고 그를 삶의 주인으로 인정하며 살아가게 된다면 진짜 하나님의 자녀이자 백성으로 거듭날 수가 있다.

그런 점에서 지난날을 생각해보니, 차마 고개를 들 수가 없다. 성경도 열심히 보지 않고, 기도도 매일 하지 않았으면서 하나님 만나게 해달라고 무작정 떼를 썼던 것이 부끄럽기만 하다. 그렇다고 죄를 자백하거나 회개를 해서 하나님께 용서를 구한 것도 아니었다. 그런데도 하나님은 나를 불쌍히 여기셔서 자신을 드러내시어 내가 하나님 백성이 되도록 허락하셨다. 지금은 모든 사람에게 말할 수 있다. 하나님께서 내 인생의 주인이시며, 삶의 치료자가 되어주셨다고 말이다.

"예수께서 대답하여 이르시되 건강한 자에게는 의사가 쓸데없고 병든 자에게라야 쓸 데 있나니 내가 의인을 부르러 온 것이 아니요. 죄인을 불러 회개시키러 왔노라. (누가복음 5:31~32)"

03

신앙이란 무엇인가?

———

'신앙'은 사전적 의미로 '믿음의 대상을 굳게 믿고 가르침을 지키며 이를 따르는 일'을 일컫는다. 다른 종교도 비슷하겠지만 크리스천인 내 경우를 봤을 때는 하나님을 확실히 믿고, 성경 말씀 따라 사는 것을 신앙생활이라고 한다.

하나님께서 특수한 상황 가운데로 이끄셔서 신앙생활을 하는 사람이 간혹 있긴 하지만, 개인의 자발적 선택에 따라 신앙생활을 하는 경우가 많다. 모태신앙이라 할지라도 어느 시점이 되면 교회생활을 꾸준히 하는 사람이 있는가 하면, 교회를 떠나는 경우도 있는 것처럼 말이다.

내 경우에는 현재 20년 넘게 울산한빛교회에 출석하고 있는데, 스스로 선택해서 다녀온 건 아니다. 다만, 대학에 입학하면서 삶에 대해 진지하게 고민하다가 더욱 깊이 있는 신앙생활을 위한 선택을 하게 되었다. 그 당시 대학청년부 회장이었던 명진 형님의 조언 덕분에 옳은 선택을 하게 되었다. 형님은 울산대학교에 입학한다는 내 소식을 듣고 말했다.

"영진아. 대학교 들어가면 지금보다 세상 문화를 많이 접하게 되는데, 신앙을 지키며 살아가는 것이 어렵게 된다. 기독교 선교단체에 가입해서 활동하면 신앙생활에 많은 도움이 될 거야."

고등학교에 재학 중에 기독교 동아리 활동을 했던 내겐 솔깃한 제안이었다. 그 시절 알게 되었던 하나님이 좋았고, 평생 헌신하는 삶을 살고 싶어서 그분께 쓰임 받는 도구가 되고자 했다. 선한 마음을 품던 중에, 대학교 내에서도 신앙훈련을 받을 기회가 있다는 소식을 들으니 가슴이 쿵닥쿵닥 뛰기 시작했다.

"네. 안 그래도 신앙생활에 도움이 될 거 같아서 선교단체 알아보려고 했어요."
"그랬구나. 입학하고 얼마 안 있으면 신입생 가두모집 기간인데, 그때 한번 만나서 소개해줄게."
"네. 알겠습니다. 형님. 감사합니다!"

얼마 후, 대학교 입학을 하고, 형님과 점심 약속을 했다. 울산대학교 상징탑 앞에서 형님을 만나 교내에 위치한 학생식당에서 밥을 먹은 뒤, 기독교 동아리 가두모집 하는 테이블을 둘러보게 되었다.

신입생을 맞이하기 위한 가두모집 분위기는 뜨거웠다. 지금은 취업문제로 전국에 있는 대학생 동아리 가입률이 많이 낮아졌지만, 그당시에는 동아리 하나쯤은 들고 대학생활을 하는 것이 캠퍼스의 낭만이었다. 아마도 당시 '논스톱' 같은 대학생활을 소재로 담은 시트콤이 유행이어서 그랬는지도 모른다. 어쨌든 학교 정문부터 상징탑 근처까지 오는 두 갈래 길에 각각 동아리 테이블이 설치되었고, 형형색색의 가입 안내 포스터가 사람들의 이목을 끌었다. 또한, 동아리 홍보 팻말을 들고 신입생들을 끌어당기는 사람을 심심찮게 볼 수 있었다. 또한, 학교 게시판이나 곳곳마다 팜플렛이나 현수막이 걸려있는 모습도 보였다. 그러한 모습을 보면서 마음속으로 환호성을 질렀다.

'와~! 나 대학교 들어오길 잘한 것 같아. 앞으로 펼쳐질 캠퍼스 생활 진짜 재미있겠다.'

대학생활 하면서 신앙생활을 진지하게 하는 것도 좋지만, 이왕이면 신앙생활도 즐거웠으면 하는 바람이 내심 있었다. 어쨌든 명진 형님은 자신이 소속되어 있는 'SFC'를 먼저 가보자고 하셨다.

SFC 모집 테이블 앞 의자에 앉아 단체에 대한 이야기를 들었지만 흥미는 생기지 않았다. 왜냐하면 SFC는 이미 중고등부 시절부터 어느 정도 알고 있었기 때문이다. 다른 색채를 가진 동아리는 없는지 고민하던 차에 우연히 옆에 있는 기독교 동아리 모집 광경을 보게 되었다. 그런데 낯익은 한 사람이 보였다. 나는 평소에 수줍음이 많은 편이어서 좀처럼 먼저 나서서 인사를 잘하지 않는데, 그날은 용기 내서 그 선배님께 먼저 인사를 하게 되었다.

"안녕하세요. 선배님. 혹시 저 기억하시겠어요?"

"어? 지난번 입시설명회 때 왔었던 학생 맞죠? 반가워요. 그동안 잘 지냈어요?"

"네. 덕분에 잘 지냈습니다. 오늘은 제가 기독교 동아리에 가입하려고 알아보고 있는데 여기 'IVF' 선교단체에 대해 알고 싶어서 왔습니다."

"그럼요. 자! 여기 앉아요."

나는 울산대학교 수시전형을 통해 입학했다. 10월에 수시에 합격한 후에는 수능 공부를 하지 않고, 남은 고3 수험시절을 여유롭게 보냈다. 그러다가 울산대 수시합격생 OT 소식을 듣고 담임선생님 허락을 받고 참석하게 되었다. OT 모임 시작 전에 미리 와서 자리에 앉아 있었는데, 그때 사회를 보던 한 선배를 알게 되었다. 선배는 참 재밌는 분이었다. 자신을 '정성민'이라고 소개한 뒤, 레크리에이션을 진행하며 참석자들의 긴장을 풀어주었다. 코드 3개만 알고 있어도 충분히 훌륭한 연주를 할 수 있다면서 자신 있게 기타를 치는 모습이 인상에 남았다. 심지어 자신이 직접 활동하는 밴드에서 자작한 노래를 불러주기도 했고, 자신은 크리스천이지만, 홍익인간 사상을 좋아해서 인간을 널리 이롭게 하는 일을 하는 게 꿈이라고 하였다. 그러니 어찌 기억 못할 수가 있겠는가? 독특한 면이 있었지만, 그의 신념이 참 맘에 들었다.

두 번째 만남은 수능이 끝난 후였다. 울산대학교 입시설명회를 들으러 '해송홀'이라는 강당에 모였는데, 울산지역 몇몇 학교에서 고3 학생이 모인 거라 강당 내부가 시끌시끌했다. 그런데 그날 행사의 사회자도 수시합격생 OT 사회를 봤던 성민 선배였다. 이번에도 그는 기타를 연주하며, 지난번처럼 MC를 맡아 행사를 진행했다. 훗날 알고 보니 성민 형님은 교내에서 학교를 홍보했다고 한다.

아무튼 그는 수많은 학생 앞에서 레크레이션을 했다. 퀴즈를 맞추면 상품을 준다는 말에 손을 들었고, 답을 맞춰 사람들 사이를 지나 무대 앞으로 나가게 되었다. 많은 사람 앞이라 심장이 약간 두근거렸지만, 상품을 획득한 기쁨이 커서 부끄러움 같은 건 신경 쓰지 않았다.

"우리 구면이네요. 혹시 저번에 수시합격생 OT 때 왔었죠?"

"네."

"자기소개 좀 부탁드릴게요."

"안녕하세요. 저는 H 고등학교에 재학 중인 이영진이라고 합니다."

"울산대학교 좋아요?"

"네."

"내년에 이 학교 입학하실 거죠?"

"네."

"네. 알겠습니다. 여기 문화상품권 받으시고, 이제 자리로 돌아가 주세요."

그렇게 성민 선배와 두 번 만났고, 행사는 즐겁게 마무리되었다. 그런데 성민 선배를 이렇게 가두모집 테이블에서 만나게 될 줄 몰랐다. 테이블에 앉아 있던 다른 여자 선배가 IVF에 대해서 소개를 해주었다.

'IVF'는 Inter-Varsity Christian Fellowship의 약자인데, 세계적으로 캠퍼스와 하나님 나라 운동을 하는 초교파적 선교단체다. 한국 명칭으로는 한국기독학생회라 부르고 있으며, 그 외에도 복음 전도, 개인 및 그룹 성경 연구, 연합수련회 등등 다양한 활동을 하고 있다고 했다.

점심시간이라 그런지 가두 모임 행사에 손을 보태기 위해 자발적으로 모인 선교단체 회원이 많았다. 지금껏 교회 내에서 느낄 수 없는 활기찬 분위기가 느껴졌다. 이뿐만 아니라 내 마음도 어느 순간 잠긴 자물쇠가 풀리듯이 스르륵 열려있었다. 당장이라도 가입서를 쓰고 싶은 마음이 들었지만, 명진 형님도 옆에 있었고, 'CCC'라는 단체도 들러보고 싶었기 때문에 신중하게 결정하고 싶어졌다. 설명을 다 듣고 난 후 앞에 앉아있던 여자 선배에게 말했다.

"이렇게 자세하게 알려주셔서 감사합니다. 그런데 제가 다른 곳도 한번 둘러봐야겠어요."

"아. 네. 그러면 다른 곳도 한번 둘러보시고 여기 팜플렛 하나 드릴게요. 밑에 보시면 대표 연락처가 있는데 가입하시게 되면 연락해주세요."

"알겠습니다. 감사합니다."

인사하면서 나가려고 하는데, 옆에 성민 선배가 말했다.

"잘 둘러보시고 좋은 단체에서 신앙생활 하시길 바랍니다."

"네. 감사합니다. 나중에 뵙겠습니다."

그렇게 작별 인사를 하고 명진 형님과 함께 CCC 회원 모집 테이블로 향했다. CCC는 회원 수는 적었지만, 알고 보니 하나님께 열심히 순종하며 살자는 멋진 단체였다. 그러나 IVF만큼 내게 인상이 깊게 남지 않았다. 설명이 끝나자마자 바로 자리에서 나왔다. 기독교 선교단체 탐방은 이렇게 끝이 났다.

"형님. 감사합니다. 이렇게 동행해주셔서."

"아니야. 근데 어디 갈지는 정했어?"

"아니요. 다 좋은 거 같은데 아직 잘 모르겠어요. 조금만 더 생각해보고 결정하려고요."

"그래. 천천히 생각해보고 나중에 결정되면 말해줘."

"알겠습니다. 오늘 고마웠어요. 주일에 뵐게요."

"그래."

3일 후 가두모집 기간이 끝났고, 그동안 기도하면서 고심한 끝에 결국은 IVF를 선택하게 되었다. 훈련받으러 들어갔는데, 신입생이라고 선배들이 환영해주고 반겨주었다. 그렇게 나는 IVF에서 신앙생활을 하게 되었다. 물론 명진 형님 따라 SFC에 가입해서 형님 덕을 보면서 빠르게 적응할 수도 있었지만, 주님께서 마음 주시는 가운데 신중하게 내린 결정이기에 후회는 없었다. 그래도 명진 형님의 도움이 없었다면 그런 최선의 선택을 할 수 없었을 것이다.

지금 생각해보면 IVF를 알기 전, 성민 형님을 알게 된 것과 가두 모집 기간에 그를 만나게 하신 것은 모두 하나님의 인도하심이 있었기 때문이라고 여겨진다. 그래서 나는 20살부터 시작해서 군대를 다녀와 28살 졸업할 때까지도 IVF 활동을 했다. 보통은 1년에서 2년 정도 동아리 활동을 한다. 그런데 오랫동안 활동했던 이유는 IVF를 통해 알게 된 하나님이 좋았고, 선교단체를 마음 다해 사랑했기 때문에 가능했다.

성경 속 인물도 당대를 살면서 수많은 선택을 했다. 믿음의 조상 아브라함도 하나님 말씀에 순종하여 고향을 떠나는 선택을 했고, 약속의 땅인 가나안으로 들어와 노년에 겨우 아들을 얻게 되었다. 모세도 40년 광야 생활 중에 하나님을 만났고, 이집트로 돌아가 이스라엘 민족을 구원하는 선택을 했다. 반면에 아합 왕처럼 정반대로 하나님을 멀리하는 선택으로 멸망에 이른 사람도 있다. 하지만 결국 하나님을 알고 싶고 섬기려는 마음으로 믿음의 길을 선택한 크리스천은 반드시 하나님께서 삶을 책임져 주신다.

'신앙이란 무엇인가?' 라는 근본적인 질문을 누군가 한다면, 정확하게 만족할만한 대답을 못 해줄 수도 있다. 신앙을 가진다고 해서 모두가 잘되는 것은 아니기 때문이다. 그런데 하나님을 더욱 알아가기 위한, 내 신앙생활의 여정이 자발적인 작은 선택 하나에서 시작되었다는 사실은 부인할 수가 없다.

지금도 매일 선택의 순간을 살고 있다. 오늘도 하나님은 옳은 결정을 통해서 나를 빚어 가시며, 하나님 나라를 세워가는 도구로 사용하고 계신다. 그래서 지금도 하나님 안에 거할 수 있도록, 매일 말씀을 보면서 기도로 살아야 하는 선택을 하려고 노력 중이다.

당신의 선택 하나가 하나님을 만날 수 있는 계기가 되었으면 좋겠다. 될 수 있으면 하나님 편에 서서 하나님을 섬기는 최선의 선택을 했으면 좋겠다. 그러한 당신의 자유의지를 존귀하게 보시고, 결정 이후에 펼쳐질 일들은 물론 만나게 될 인연도 선하게 이끌어 주신다. 왜냐하면, 그분은 자신의 편에 선 자녀를 끔찍이 사랑하시는 인자의 하나님이시기 때문이다.

"여호와께 감사하라 그는 선하시며 그 인자하심이 영원함이로다. (시 136:1)"

04

평범한 교회 오빠

　　대학교에서 IVF 활동을 시작했을 당시, 교회 생활에도 작은 변화가 생겼다. 대학교를 입학하고 처음으로 대학청년부로 올라갔고, 교회에서는 중고등부 선생님으로 임명하여 반강제적으로 중 1반 아이들의 교사가 되었다. 일방적인 결정이었지만, 싫지는 않았다. 왜냐하면 중고등부에 대한 애정이 있었고 동생들을 사랑하는 마음이 있었기 때문이다. 그러나 내 성격상 누군가의 부탁을 거절하지 못하는 결점 덕분에 한꺼번에 많은 일을 떠맡아서 하곤 했다. 한 가지 적절한 사례를 들어보면 다음과 같다.

　어느 주의 날인 일요일이었다. 평소처럼 오전 예배를 마치고 나서 밥을 먹으려고 하는데 중고등부 선생님을 함께 맡고 계신 남자 집사님께서 나를 불렀다. 그분은 매사에 성실한 모습으로 신앙생활을 하셨는데, 나이가 한참 어린 내게도 깍듯하게 대해주셨다.

"영진 청년. 제가 보니까 형제는 참 순수한 마음으로 뭐든 열심히 하는 것 같아요. 그래서 말인데요. 혹시 새 신자 사진 담당해보지 않을래요? 제가 피치 못할 사정으로 못하게 될 거 같아서요."

"네?"

"어려운 건 아니에요. 이 디지털카메라로 새 신자 사진을 찍고 컬러로 프린트해서 교회 게시판에 게시만 하면 돼요."

"아....... 네. 알겠습니다."

며칠 후, 간단한 인수인계를 받고 디지털카메라를 넘겨받게 되면서 교회 새 신자 사진 담당자가 되었다. 그 당시 디지털카메라를 한 번도 사용해본 적이 없어서 내 마음대로 무엇이든지 찍어볼 수 있다는 점이 좋았다. 그래서 성실히 맡은 일에 최선을 다했다. 가끔, 필요할 때마다 디지털카메라를 개인용무로 쓸 수 있었기에 감사했다.

얼마 지나지 않아서 이번에는 성가대 해보지 않겠냐는 제안이 들어왔다. 찬양 부르는 것을 좋아했던 나는 거절하지 않고 성가대도 서게 되었다. 매주 오후 예배를 마치면 합창 연습을 했는데 연습하면서 간식 먹는 재미는 쏠쏠했지만 또래가 없어서 심심하기도 했고, 또 예배에 집중하기 힘들 만큼 벅찬 일정이었다. 그래서 새신자 게

시판 관리와 중고등부 교사는 두 가지만 충실하고자 마음먹고, 성가대는 석 달 만에 내려놓게 되었다. 그러나 뜻하지 않게 또 다른 섬김이 나를 기다리고 있었다.

대학청년부에 올라갔을 시기에는 담임 목사님과 중고등부 전도사님 외에 청년을 담당하시는 목사님이 없었다. 왜냐하면, 교회가 이전한 지 얼마 되지 않아서, 그로 인해 출석하는 청년의 수가 적었기 때문이다. 그 당시 대학청년부 출석 인원은 많아 봐야 10명도 되지 않았다. 담당 사역자가 없으니 대학청년부 예배도 없었다.

그러던 어느 날 어떤 목사님이 담당 사역자로 왔다. 키는 170cm가 조금 되지 않았고, 약간 통통한 체격에 안경을 꼈는데, 자신감 넘치는 모습이었다. 나중에 알고 보니 목사님은 전에 군목을 하고 전역했다고 한다. 목사님은 청년부 회원 한 사람 한 사람을 알고 싶어 했다. 그래서 부임하자마자 이번 주 토요일 오후에 교회에 있을 테니 시간 되는 사람은 교회로 오라고 하였다. 목사님에 대해서 궁금했던 나는 마침 토요일에 새 신자 사진도 출력할 겸 해서 교회로 갔다.

교회에 가니 목사님이 먼저 와 계셨다. 인사를 드리고 2층에 있는 새 신자 방이 있는 곳에서 목사님과 면담을 하였다. 다른 청년 없이 혼자서 목사님과 있자니 조금 어색했다. 그러한 사실과는 상관없이 목사님은 자신이 누구인지, 군대에서는 어떤 사역을 했는지 말씀해

주셨다. 복무 중에는 G12 사역을 했는데, 예수님의 제자가 12명인 것처럼 목사님도 공수부대에서 12명의 병사와 함께 복음 사역을 담당했다고 한다. 고개를 끄덕이던 내게 여기서도 G12 사역을 이어가고 싶다는 포부를 밝히며, 나에게 리더가 될 것을 제안하셨다. 자세히 알지는 못했지만, 나는 목사님 말씀에 순종하는 것이 하나님께 순종하는 거라 생각했다. 결국, 7명의 리더 중의 한 명으로 임명되었고, G7 리더로 섬기게 되었다. 나이와는 상관없이 말이다.

G7 리더를 하면서 참 즐거운 순간들이 많았다. 리더로서 신앙훈련을 받으면서 매주 하루씩 새벽에 모여 성경 공부를 하고 아침 식사를 같이했다. 청년부 수련회도 호스피스로 가서 어르신을 도와드리기도 했으며, 심지어는 비학산 번지점프대에 가서 번지점프를 하면서 담력 훈련도 했다. 목사님께서는 G7 리더에게 무조건 하명 복종을 요구했다. 그 점이 때로는 힘들기도 했지만, 하나님을 경외하는 태도가 순종에서 나오는 것임을 배울 수 있어서 토를 달지 않았다. 그러나 안타깝게도 G7 사역은 청년부 목사님의 갑작스러운 사임으로 마침표를 찍게 되었고, 목장 모임 체제로 전환이 되면서 나는 평범한 대학부 회원으로 소그룹에 참여하게 되었다.

대학교에 다니며 2년 8개월간 최선을 다해 교회 직분에 충실했다. 군대에 가게 되면서 모든 일을 그만두게 되어 일단 후련했다. 그러나 한편으로는 내 빈자리를 채워줄 다른 일꾼들이 세워지길 간절히 바랐다. 군대를 전역하고 나서는 교회 양육팀장으로서, 캠퍼스에서는 IVF 리더로서 하나님을 섬기면서 그분께서 맡기신 사람들을 사랑하는 법을 배웠다. 그러다가 2013년 가을부터 2015년 겨울까지 서울에 거주하게 되어 교회를 잠시 떠났었지만, 2016년부터는 다시 울산으로 돌아와서 현재는 오후 예배 찬양단 싱어로 섬기고 있다.

어릴 적에는 섬김과 헌신에 대해 잘 몰랐고, 그저 일이 힘들고 지치기만 했다. 그러나 시간이 지나니 누군가를 돕고 섬긴다는 것은 아주 귀한 일이며 기쁨과 감사의 제목이 된다는 점을 깨달았다. 또한, 헌신하는 가운데 예수님께서 우리를 어떻게 섬겼는지 이해하게 되었고, 그분의 사랑이 한층 가깝게 느껴졌다. 한 가지 일이라도 주님 앞에서 기쁨으로 섬길 수 있으니 참 감사하다.

다만 아쉬운 점은 교회에는 섬길 사람이 없다는 것이었다. 그런 이유에서 한 사람을 일꾼으로 세우는 일은 사실 쉽지 않다. 그래서 한 사람을 올바른 헌신자로 세우기 위해서는 신앙 훈련이 더 필요함을 느낀다. 간혹 믿은 지 얼마 되지 않지만, 열심을 품은 성도를 직분자로 임명하는 경우도 있다. 다만, 조금 염려되는 건 그들이 섬김이 버겁고 힘들어서 지치거나, 여러 가지 피치 못할 사정으로 낙심하여 교회를 떠나는 일이 생기지 않을까 하는 것이다. 때로는 주님을 섬기는 일이 매우 당연하게 여겨져서 수고했음에도 칭찬과 격려가 인색해지는 경우도 있어 조금은 아쉽다. 아무튼 모든 크리스천이 일꾼으로 부름을 받기 전부터 예수님으로부터 사랑받는 한 영혼임을 모두가 기억했으면 좋겠다.

감사하게도 악조건임에도 자신의 상황이나 여건을 탓하면서 섬김을 기피하는 사람보다는 불평 없이 묵묵히 자신이 맡은 역할을 감당하며 섬기는 성실하신 성도가 많다. 아마도 그분들 모두 주님을 사랑하는 순수한 마음을 가지고 있기 때문이라고 생각한다. 그러니 우리가 할 일은 헌신하는 성도의 마음을 귀하게 여기고 고마워해야 한다.

"그러므로 내 사랑하는 형제들아 견실하며 흔들리지 말고, 항상 주의 일에 더욱 힘쓰는 자들이 되라 이는 너희 수고가 주 안에서 헛되지 않은 줄 앎이라. (고린도전서 15:58)"

05

인격적인 하나님과의 만남

IVF를 들어오고 처음에 가장 많이 들었던 말이 있었다. 그건 바로 '하나님을 인격적으로 만났는가?' 라는 질문이었다. 이 말을 간사님이나 선배들에게 들을 때마다 직접 묻지는 못했지만, 항상 이런 궁금증이 생기곤 했다. '하나님과 만나면 만났지, 인격적으로 만나라는 말은 대체 무슨 말일까?' 하며 물음표를 달고 살았지만, 막상 용기 내어 질문해보지를 못했다. 그래서 하나님 만나는 것과 '인격적으로 하나님과 만나는 것'은 뭔가 다른 게 있을 거 같다는 생각이 들던 중 신앙의 전환점이 될 만한 사건을 맞이하게 되었다.

대학교 2학년이 되었을 때였다. 입학하고 1년이라는 시간동안 IVF를 통해 하나님을 더욱 잘 알게 되었고 또 감사한 마음으로 공동체를 섬기고 싶었다. 그러던 중 2학년 1학기가 지난 여름방학에 IVF 간사님, 그리고 대표님과 인터뷰 할 기회가 생겼다. IVF는 간사님과 학생 리더들이 함께 캠퍼스와 세상 속에 하나님 나라 운동을 하는 선교단체다. 자발성을 가지고 젊은 시절에 복음을 위해 헌신하는 리더가 멋지다고 생각하고 있던 차에 내게도 인터뷰 요청이 들어온 것이다. 인터뷰 요청이 들어온 이상 하나님께서 리더로 부르시는 것 같은 마음이 들었다. 그래서 감사한 마음으로 지난날의 삶을 돌아보며 질문지를 작성했다.

인터뷰하기로 한 월요일이 다가왔다. 점심을 먹고 약속한 오후 2시에 IVF 회관으로 향했다. 장마 이후 7월의 날씨는 등을 땀으로 적실 정도로 무더웠다. 회관에 도착하니 최진승 간사님과 대표인 혜진 누나는 점심식사를 마치고 나를 기다리고 있었다. 인사를 드리고 잠시 숨을 돌렸다. 그러고 난 뒤 의자에 앉아서 기도하고 인터뷰를 하게 되었다. 지금껏 면접은 대학교 수시면접 볼 때 했던 경험밖에 없었는데, 인터뷰를 통해 나의 신앙생활을 점검받는다는 생각에 손에 땀이 나기 시작했다. 개인 경건 생활은 어떤지, 가정과의 관계는 어떤지, 혹은 이번 학기에 누구랑 관계를 맺으면서 친밀함을 쌓았는지 등 여러 가지 질문을 했다. 질문을 받은 나는 최대한 진솔하게 답을 했고, 인터뷰는 순조롭게 진행되는 듯했다.

그러던 중 간사님은 네게 중요한 질문을 하셨다.

"영진이가 지금까지 신앙생활 하면서 인격적인 하나님을 만났다고 했는데, 언제부터 하나님의 인격을 경험하게 되었는지 말해주겠니?"

"네. 간사님. 제가 하나님을 인격적으로 만나게 된 것은 고등학교 2학년 때였습니다......."

그렇게 해서 나는 틴즈페이스 수련회에서 만나게 된 하나님과 IVF 활동 중에 경험했던 일을 있는 그대로 말했다. 간사님은 내 답변을 들으면서 곰곰이 생각에 잠기신 듯 진지한 표정을 지으셨다. 답변이 끝나자마자 간사님은 침착한 어조로 격려하듯이 말씀하셨다.

"영진아. 하나님을 인격적으로 만난다는 것은 지식, 감정, 의지를 통해 하나님을 만나는 것이란다. 우리는 말씀을 듣고 머리로 하나님을 깨닫게 되고, 그것이 가슴으로 전달이 되어 감정으로 하나님을 느끼게 되는 거란다. 그리고 제자의 삶은 의지를 내어 주님께 순종하고 섬기는 데까지 이르러야 한단다. 내가 보니까 영진이는 말씀으로 하나님을 아는 것보다 감정에만 의지하여 하나님을 따르고 있는 건 아닌지 염려가 되는구나. 앞으로 성경을 통해서 하나님이 무엇을 말씀하시고 너를 인도하시는지 알아보면 좋겠구나. 구원의 확신과 근거를 성경에서 찾을 수 있는데, 로마서를 한번 읽어보길 추천한다."

"네. 알겠습니다. 간사님."

"그리고 내가 볼 때는 리더로서 섬기기에는 아직 좀 이른 거 같구나. 그래서 리더를 도와 소그룹을 이끌어갈 부리더를 몇몇 세우려고 하는데 영진이가 부리더를 한번 해보는 게 어떻겠니?"

"네. 간사님. 그렇게 하겠습니다."

"그래. 그러면 다음 주까지 연락할 테니까 기다리고 있으렴. 기도하고 인터뷰를 마치도록 하자."

그렇게 기도한 후 인터뷰는 마무리가 되었다. 집에 오면서 생각해 보니 인격적으로 하나님을 만났다고 자부했던 나 자신이 조금 부끄러웠다. '이만하면 리더로 서도 되지 않을까?'라는 안일함도 있었다. 하나님과 나의 관계는 그저 내 감정에만 의지하여 행했던 반쪽짜리 신앙생활에 불과했는데 그것이 전부인 것처럼 여기며, 발전 없이 지금의 수준에만 머무르려 하는 안일함이었음을 깨닫게 되었다. 그러나 지난 1년 동안 기수의 장으로 열심히 활동하며 모임에 적극성을 보인 내가 당연히 리더가 되는 게 맞는 거 같은데, 그게 아니라니 한편으로는 그런 결과를 수긍하기 어려웠다. 그렇지만 이왕 결정난 일이었고, 부리더로 한번 섬겨보기로 했으니 결정에 따르기로 마음먹었다.

어쨌든 이번 학기는 리더로서 섬길 수 없다는 사실에 조금은 아쉬움이 남았지만, 인터뷰를 통해 하나님과의 인격적인 만남에 대한 정의를 바로 잡게 되었고, 이번에는 말씀을 통해 하나님을 제대로 알아야겠다는 열정이 생겼다. 또한, 2학기가 시작되어 소그룹을 해보니 공동체에 지체들이 많아 리더 혼자 소그룹을 감당하기에는 벅차다는 느낌을 받았다. 공동체 활동을 해보니, 부리더의 역할이 필요하다는 말이 비로소 이해되었다. 그 후 내 마음은 한결 가벼워졌고, 부리더의 역할을 감당하게 된 것을 후회하지 않게 되었다. 간사님 말씀대로 로마서도 읽었는데, 5장 8절처럼 하나님께서 우리를 구원하신 근거들을 찾을 수 있었다. 그렇게 한 학기가 훌쩍 지나가고 겨울방학을 맞게 되었다.

방학을 맞아서 IVF 겨울 수련회를 참여하게 되었다. 장소는 바다가 보이는 경북 포항시에 위치한   교회였다. 그곳 수련회에 참여하던 중, 마지막 날 저녁 집회 때 들었던 느헤미야 강론을 잊을 수가 없다. 10년이 지난 지금도 그 본문을 보면 코끝이 찡해진다. 줄거리를 정리해보면 다음과 같다.

나라를 잃고 바벨론에서 포로 생활을 했던 이스라엘 백성은 느헤미야와 에스라의 주도 아래 예루살렘으로 돌아와 성벽 재건을 하게 된다. 산발랏과 도비야 같은 주변의 방해 세력의 반대를 무릅쓰면서 한 손에 무기를 들고 한 손으로 일을 하게 되었다. 그 후에도 이스라엘 백성은 여러 번 힘든 고비를 맞았지만, 결국 성벽 재건을 완성하게 된다.

모든 백성이 찬양을 하며 기뻐하는 중에 하루는 총독 느헤미야가 이스라엘 백성을 한자리에 모은다. 이스라엘 백성 앞에 선 에스라 학사가 하나님의 말씀이 담긴 율법책을 낭독하게 되는데, 거룩하신 하나님 말씀을 앉아서 들을 수 없었던 백성은 서서 듣게 된다. 말씀 낭독을 마치자, 레위 사람은 백성에게 율법을 해석해주었고, 말씀을 깨닫게 된 백성은 모두 하나같이 슬퍼하며 울기 시작했다. 그때 느헤미야와 에스라는 레위사람과 함께 백성을 위로하며 말했다.

"오늘은 너희 하나님 여호와의 성일이니 슬퍼하지 말며 울지 말라 하고 느헤미야가 또 이르기를 너희는 가서 살진 것을 먹고 단것을 마시되 예비치 못한 자에게 나누어 주라 이날은 우리 주의 성일이니 근심하지 말라 여호와를 기뻐하는 것이 너희의 힘이니라. (느헤미야 8:9~10, 개역한글판)"

죄로 인하여 슬프고 늘 지쳐있던 나에게도 여호와를 기뻐하는 것이 네게 있어 힘이 됨을 잊지 말라는 하나님의 말씀으로 들렸다. 매사에 어떤 일로 인해 근심하고 슬픔에 잠겨 있지 말고 하나님을 기뻐함으로 힘을 얻어 세상을 살아가는 존재가 그리스도인임을 깨닫게 되었다. 그 후로 나는 일상생활에서도 하나님 말씀대로 조금씩 삶을 바꾸고 실천하려고 노력하게 되었다.

IVF에서는 부리더로 기쁨으로 헌신했지만, 사실 개인의 문제와 가정의 문제로 고민했던 한 학기를 보냈다. 평생 건강하게 살아오신 할머니가 갑자기 요양병원에 입원하셨고, 그로 인해 부모님의 근심도 깊어져서 아들로서 심적 부담을 함께 짊어졌다. 또한, 전공 선택을 잘못했다는 회의감이 들었고, 혼자라는 외로움이 들면서 불쑥 찾아오는 감정을 조절하기 힘든 적도 있었다. 그러한 가운데 말씀을 들으니까 나는 하나님 없이는 아무것도 할 수 없는 죄인임을 뼈저리게 깨닫게 되었다. 여러 가지 상황을 떠올리며 말씀을 듣고, 기도하니 그저 눈물이 쏟아질 수밖에 없었다. 포로 신분이었지만, 예루살렘에 돌아와 말씀을 듣고 울며 회개하며, 다시 회복하게 하신 하나님을 기뻐하는 유다 백성의 마음이 전해졌기 때문이다. 완고하고 가난했던 내 마음이 말씀으로 인해 감화되어 예수님으로 인한 새로운 삶과 완전하게 될 하나님 나라를 소망하게 되었다. 그리하여 여호와 하나님이 나의 힘이 되어주심에 감사하게 되었고, 마음의 평안과 자유를 얻게 되었다.

말씀과 감동만으로 남을 뻔했던 수련회는 여기서 끝난 게 아니었다. 기도회가 끝난 후, 우리는 각자가 앞으로 하나님 앞에서 어떻게 살아갈지 결단하는 시간을 가졌다. 나도 매일 언제, 어디서 하나님 말씀을 묵상하고 기도할지 결단을 적기 시작했다. 또한, 간사님과 선배에게 결단한 내용을 나누며 그 내용을 지키며 살아갈 수 있도록 기도해달라고 부탁하기도 했다. 비록 수련회 이후에 결단한 내용 그대로 다 지키며 살지는 못하고 있지만 말이다.

그날 이후로 하나님을 지성과 감성 그리고 의지로 받아들이게 되었고, 조금씩 전인격적 변화를 경험하고 있다. 10년이 훨씬 지난 지금도 매일 말씀을 보기 위해 고군분투하고 있으며, 예수님의 참 제자로 살아가려고 노력하고 있다.

부끄럽지만 사실 지금도 나는 완벽하거나 거룩하지는 않다. 매 순간 죄 된 본성이 올라와서 죄짓는 유혹에 시달린다. 평소에는 하나님과 깊은 교제를 누리지 않다가도, 필요할 때만 하나님께 간절히 기도하기도 한다. 역시 사람은 한순간에 쉽게 변하지 않는가 보다. 왜냐하면 아담의 범죄로 인한 죄의 본성이 내 안에 자리 잡고 있기에 내 뜻과 마음대로 인생을 살아보려는 속성이 존재한다. 그렇지만 좌절하지 않고, 그때마다 예수님을 통해 나를 구원하신 하나님의 은혜를 되새기며 살아가고 있다. 또한, 하나님께서는 매번 상황에 맞게 말씀과 여러 방편으로 나를 도와주고 계시며, 지금도 하나님은 여전히 나를 그의 참된 백성으로 다듬어 가신다.

당신도 어쩌면 나와 비슷한 경험을 했거나 현재 인격적인 하나님과의 만남에 대해 의문을 품고 있을지도 모르겠다. 혹은 하나님을 만나지 못했다거나 인격적인 만남이 언제부터 시작되었는지 잘 모르겠다는 사람도 있을 수 있다. 그렇지만 너무 걱정하지 말고, 조급해하지 말았으면 좋겠다. 하나님께서는 선하신 분이시다. 당신이 포기하지 않는 한, 때가 되면 하나님을 인격적으로 기필코 만나게 될 것이며, 말씀 가운데 주님의 실체를 경험하고 하나님과 교회를 위해 헌신하는 기쁨을 맛보게 될 것이다. 이미 몸소 경험하신 분들은 연약한 지체를 위해 기도하며, 말씀 안에서 그들의 신앙이 견고히 설 수 있도록 응원해주시고 격려해주셨으면 좋겠다.

"내가 확신하노니 사망이나 생명이나 천사들이나 권세자들이나 현재 일이나 장래 일이나 능력이나 높음이나 깊음이나 다른 어떤 피조물이라도 우리를 우리 주 그리스도 예수 안에 있는 하나님의 사랑에서 끊을 수 없으리라. (로마서 8:38~39)"

06

내가 기적입니다

"지금부터 군가를 시작한다. 군가는 멸공의 횃불. 하나 둘 셋 넷."
"높은 산 깊은 곳. 적막한 산하 눈 내린 전선을 우리는 간다."

　　　　　행군 중에는 늘 군가를 부를 수밖에 없다. 그것
도 아주 힘차게, 목이 찢어져라 부르라고 조교들이 명령하기 때문이
다. 나도 낼 수 있는 한 힘껏 배에 힘을 주고 군가를 씩씩하게 부르
면서 걸어갔던 기억이 난다. 불편한 방탄모를 쓴 채 거추장스러운
탄띠를 차고, 무거운 K2소총을 어깨에 메고, 어색하기만 한 국방색
개구리 군복을 입고 시작했던 그 시절은 평생 잊지 못할 기억이다.
　2007년 청명했던 가을날. 3학년 1학기를 마치자마자 나는 입대를
위해 휴학계를 냈다. 훈련장소는 충남 논산에 위치한 육군훈련소였

다. 부모님과 친구를 뒤로하고 혼자 떨어져서 23개월을 낯선 곳에서 생활하게 된다. 처음 만나는 사람과 함께 지내야 한다는 두려움은 있었지만 크지는 않았다. 그래서 나름 군대생활을 잘 할 수 있을 거라는 확신이 있었다. 그래서 입대하기 전에는 사람들에게 말했다.

"다음 주 입대합니다. 씩씩하게 잘 다녀올 테니 모두 건강하시고요. 2년 후 다시 뵙겠습니다."

하나님 앞에서, 교회 및 IVF 공동체 사람들에게 선언하듯 말했다. 지금껏 신앙훈련을 열심히 받은 만큼 전우를 잘 섬기며 복음대로 살아가겠다고 다짐하며, 교회 예배와 IVF 예배를 드릴 때 고별 특별찬송을 했다. '주님 다시 오실 때까지'를 찬양하며 주님 앞에서 담대하게 다녀오겠다고 작별인사를 했다. 또한, 전도 용지가 든 성경책을 가지고 들어갔다. 신앙의 선배처럼 순전한 복음 전도자로 살아가려고 마음먹었기 때문이다.

월요일이 되었다. 입대하기 위해서 훈련소까지 가는 버스를 신청했는데 감사하게도 부모님 대신 IVF에 함께 소속된 성식 형님이 함께해주었다. 공업탑에서 함께 버스를 탔는데, 버스는 옥동 법원을 지나 입대자를 태우기 위해 신복 로터리에 다시 정차했다. 그곳에는 승현 형님과 동기 경심, 은지, 다정이가 배웅을 와주었다. 이른 아침

인데도 시간 내서 배웅해준 동아리 사람들이 감사했다. 인사를 나누고 다시 버스를 타고 한참 달려갔다. 대구, 대전을 거치다 보니 어느새 논산에 도착하게 되었다. 버스에서 내려 점심을 먹고 성식 형님께 함께 해주셔서 감사하다는 말을 전하면서 입소를 했다.

입소대대에서 1주일을 보내면서 자기 정보를 기재하게 되었고, 이어서 신체검사와 체력검사도 차례로 받게 되었다. 잠은 좁은 곳에서 동기와 함께 갔는데 모든 것이 낯설었지만, 그럭저럭 버틸 만했다. 그러다가 3일째 되던 수요일에 종교 활동을 하게 되어 입소대 교회에 나가게 되었다. 입구에 들어서니 교회에서 봤던 긴 의자가 보여 한 자리 차지하고 앉았다. 그런데 놀랍게도 내 눈에서 눈물이 멈추지 않았다. 23개월을 어떻게 버틸지 막연하고 두려운 마음이 들어서 그저 하나님 앞에서 울 수밖에 없었다. 스스로 괜찮은 척했던 마음을 하나님 앞에 정직하게 보여드렸다. 다른 훈련생이 나를 보고 무슨 생각을 하는지 따위는 중요하지 않았다. 하나님 앞에 홀딱 발가벗겨진 느낌이었다.

훈련대대로 막사를 옮겼다. 입소대 보다는 시설이 훨씬 깔끔했다. 4주 동안 함께 지낼 전우와도 인사를 했다. 각 지역 사람이 모이니 한반도의 절반이 그려지는 느낌이었다. 훈련도 차례대로 받고 서서히 적응해가기 시작했다. 생각했던 것보다 두렵지 않았고, 못해낼 것이 없었다. 가끔 저녁마다 가족과 친구들이 그립긴 했지만 모든 면에서 잘 견뎌내었다. 하나님이 내게 훈련을 잘 견디고 이겨낼 힘을 주었기에 가능했다. 더 나아가 스스로 지원하여 분대장 훈련병으로 전우들을 섬기게 되었다. 신고 같은 것은 스마트하게 한 번에 잘 하진 못했으나 꼼꼼하게 필요한 군수품을 챙기는 역할은 잘 해냈다.

같은 내무반 사람들은 위험한 훈련이 있을 때마다 자원해서 대표 기도 하는 내 모습을 보고 기독교에 대해 이것저것 물어보기도 했다. 그럴수록 하나님이 욕먹지 않게 말과 행동을 조심했고 성실한 태도로 전우를 대했다. 또한, 매주 교회를 나가고, 매일같이 성경 읽는 모습을 보였다. 믿지 않는 전우 중에는 칭찬하는 사람도 있었고, 꼴사납게 보는 사람도 있었다. 그래도 포기하지 않고 하나님 자녀인 것을 숨기지 않았다. 비록 전도는 적극적으로 시도해보지 못했지만, 예수의 복음이 선한 행실을 보이는 내 모습을 보고 은은한 향기처럼 전우들에게 전해지길 원했다.

연무대 교회에서 매주 예배드림은 훈련소 생활의 감사이자 기쁨이었다. 그 시간에 주님께 마음을 열고 예배하였다. 간절한 마음으로 주님께 나아가니 매번 감사의 눈물이 날 수밖에 없었다. 초코파이를 받으려고, 외부에서 행사지원 나온 자매님을 보려고 교회 오는 사람도 많았지만, 그래도 나는 빼먹지 않고 매주 교회에 나가 예배드렸다. 왜냐하면 예배를 통해 하나님을 만날 수 있어서 좋았기 때문이다. 믿음과 신앙을 돌아볼 수 있는 유일한 이 시간이 늘 감사했고, 내겐 너무나 귀하고 소중했다.

그런데 한 가지 고민이 있었다. 앞으로 자대배치를 어디로 받게 될지 궁금했다. 전방으로 가기는 참 싫었다. 그래서 매주 예배의 자리에서 기도했고, 군사훈련을 받으면서도 마음속에서 간절히 구했던 기도제목이 있었다.

"하나님. 23개월을 사회와 동떨어져서 살아야 하는데 너무 막막하고 힘듭니다. 제가 사회로 나갈 수 있었으면 좋겠습니다. 도심지를 볼수 있는 곳으로 자대배치를 받게 하여 주시고 될 수 있으면 후방에 자대배치 받게 주님께서 인도해주십시오."

그런 기도를 하다가도 너무 욕심 같다고 생각했다. 하나님의 은혜를 충분히 경험한 날에는 이렇게도 기도했었다.

"하나님. 그리 아니하셔도 저는 받아들이겠습니다. 하나님 인도하시는 곳으로 가겠습니다. 인도하신 곳에서 하나님 뜻대로 살겠습니다."

그렇게 퇴소할 날이 가까워지고 있던 어느 날, 이름을 부르는 사람은 즉시 중앙 복도로 나오라는 중대방송이 있었다. 귀 기울여서 듣다 보니 내 이름도 불렸다. 다홍색 활동복 차림이었던 나는 급히

슬리퍼를 신고 중앙 복도로 나갔다. 호명된 사람들이 모두 모이니 20여 명쯤 되었다. 인원 파악을 마친 담당 조교는 우리에게 비장한 어조로 말했다.

"너희는 명찰 두 개다. 기억해라. 너희는 명찰 두 개다."

명찰이 2개? 직접 명찰을 주는 건가? 황당한 이야기를 당최 이해할 수 없었다. 그게 대체 무슨 의미가 있는 걸까? 궁금증을 품으며 내무반으로 돌아와서 전우들과 이야기해보니 명찰을 2개 받은 사람은 전투경찰로 차출된다는 소문을 들은 적이 있다고 했다. 나는 그 이야기가 진짜일지 궁금했다.

그러고 나서 얼마 후 경찰학교에서 경찰관 한 명이 왔다. 명찰을 2개 받은 사람들은 모두 강당으로 모였고, 그 경찰관은 우리에게 전투경찰에 대한 이야기를 상세히 해주었다. PT 자료를 보여주면서 전경의 생활과 특혜들을 설명해주었는데 우리는 '우와' 하며 호응하였다. 설명을 다 듣고 나서 내무반으로 돌아오는데, 내면 깊은 곳에서 들리는 속삭임이 있었다.

'그래. 이거다. 바로 이거야. 내가 고립된 생활이 아닌 사회에서 군 복무 하는 거.'

얼마 후 명찰을 2개 받은 사람들이 모여서 자신의 겨울 보급품을 반납하게 되었다. 왜냐하면, 전투경찰로 후반기 교육을 받으러 가면 그곳에서 따로 보급품을 받기 때문에 군용 보급품이 더는 필요하지 않기 때문이다. 결국, 우리 중 두 명을 제외하고는 모두가 전투경찰로 차출되는 것이 확정되었다. 사회와 단절된 군 복무를 하는 것이 아닌 시민과 함께 민중의 지팡이로 사는 군 생활. 그것이야말로 내겐 군 생활 중 한 줄기 빛과 같은 희망이었다. 하나님께서는 첫 번째 기도를 이렇게 들어주었다.

마침내 훈련소 퇴소일이 되었다. 퇴소 행사 후에 우리는 영내에 미리 대기해있던 경찰버스를 타고 훈련소를 나왔다. 국방색이 아닌 남색 더블백을 한 아름 안고 버스에 탑승한 우리는 두 시간을 달려 충주에 위치한 중앙경찰학교로 들어가게 되었다. 그곳에서는 약 2주간의 후반기 교육이 우리를 기다리고 있었다.

경찰학교에서 보냈던 날들은 훈련소와는 모든 면에서 달랐다. PX 사용이 제한되었던 훈련소와는 다르게 정해진 시간 내에서 매점 이용이 가능했다. 입교 첫날 매점을 이용하게 되었는데 내가 좋아하는 과자와 초콜릿을 왕창 사서 폭식을 했다. 오랜만에 먹는 과자가 어찌 그리 달았던지 입에 들어가자마자 살살 녹아내렸다. 그냥 한마디로 천국의 맛이었다. 또한, 그곳에서 좋았던 점은 식사할 때 숟가락, 젓가락으로 식사할 수 있게 된 것이다. 왜냐하면 훈련소에서는 포크와 숟가락이 일체화된 숟가락으로 식사를 했기 때문에 아주 불편했다. 물론 전화도 공중전화 카드를 사서 가족과 친구들에게 안부를 전할 수 있었다. 이러한 모든 것은 하나님께서 베풀어주신 자비였다.

이제 훈련소에서 기도하던 한 가지를 놓고 간절히 기도하기 시작했다. 그것은 자대배치를 어디로 받는지가 문제였다. 전투경찰은 어느 지역, 어떤 규모의 관할에 배치되는지가 참 중요했다. 여차하면 서울처럼 대도시의 전경대로 발령받아 수시로 시위 현장에 나가야 했기 때문이다. 시위가 심한 곳에 진압하러 갔다가 죽창에 찔려서 실명한 전경 이야기, 시위대에게 죽도록 맞아서 뇌사상태에 빠진 대원도 있다는 이야기를 들으니 겁이 났었다. 또는, 독도와 같은 도서 지역에 배치되는 경우도 있다는데 몇 달 동안은 사회와 단절되어 군복무를 하는 경우도 있었다. 그건 독도와 함께 외로워질 수도 있는 고립된 생활이라 상상만 해도 끔찍했다. 경찰학교 기독 모임에서 예배를 드리면서 다시 간절히 기도했다.

"하나님. 자대배치도 주님께서 제게 은혜를 베풀어 주십시오. 안전하게 복무하면서 고향인 울산과는 거리가 가까운 후방지역에 배치될 수 있게 인도해주십시오. 아니면 울산지역에서 복무할 수 있으면 좋겠습니다. 그것도 아니 된다고 하시면 부산이나 대구같이 근처 지역의 경찰서에 배치 받을 수 있도록 이끌어 주세요."

드디어 자대 발령일이 다가왔다. 함께 학급생활을 했던 동기와 발령지가 적힌 종이를 보았다. 서울 전경대, 전북 전경대 같은 대도시로 발령이 난 동기들이 많았다. 큰 규모의 자대로 가게 된 사람 속에서 내 이름을 찾았다. '이영진' 세 글자를 한 글자씩 손가락으로 짚으며 찾던 중에 마침내 내 이름과 발령지를 찾게 되었다. 찾아보니 다음과 같이 적혀있었다.

군 번 : 07-75765XXX
이 름 : 이영진
발령지 : 경남 합천경찰서

우리 동기 중에 지방경찰서로 발령받은 사람은 몇 명 되지 않았다. 그 소수의 사람 중에 내가 포함된 것이다. 아무튼 경찰서에 전방이 아닌 후방에 자대배치를 받게 되어서 감사했다. 그 이유는 동기들에게 들어보니 대도시 경찰서보다는 시골에 위치한 경찰서가 사건, 사고가 적기 때문에 오히려 군 복무 하기에는 최적의 장소라고 했다. 길을 예비하시고 이끄시는 하나님께 감사드렸다.

자대배치 받고 생활하면서도 하나님께서는 믿음을 잃지 않고 잘 적응하도록 매 순간 도우셨다. 그리고 특별한 일이 없으면 매주 근처 교회에 출석하여 예배드릴 수 있도록 외출하게 이끄셨다. 또한, 여유롭게 정문 근무나 초소 근무를 하게 하셔서 말씀 묵상할 수 있었으며, 두 달에 한 번씩 외박을 받아서 울산에서 휴가를 보내게 되었다. 그렇게 하나님께서는 힘든 군 생활을 잘 버티게 힘을 주셨다.

어쨌든 큰 사건, 사고 없이 무사히 제대한 지 10년이 흘렀다. 지금은 군 복무 시절을 돌아보면서 하나님이 하신 일을 글로 정리하는 중이다. 지금까지 이렇게 잘 살아온 것은 나의 의지와 노력보다는 온전히 하나님의 은혜와 인도 덕분이다. 현재 절대적 진리가 없다고 주장하는 다원주의 시대를 살아가고 있지만, 나는 하나님이 세상을 창조하시고 다스리는 분이심을 믿으며 증인으로 살아내고 싶다. 하나님께서 내 삶 속에서 베풀어주신 작은 기적으로 말이다.

"예수께서 이르시되 갈 것 없다 너희가 먹을 것을 주라 제자들이 이르되 여기 우리에게 있는 것은 떡 다섯 개와 물고기 두 마리 뿐이니이다 이르시되 그것을 내게 가져오라 하시고 (마태복음 14:16 ~18)"

사람을 만날 때

66

하나님 나라를 소망하는 사람이
더 많아지길 주님께서 원하시지 않겠는가?
어쨌든 평생 살면서 재물이 주어지는 한,
내 소유의 일부를 나누는 삶을
실천하면서 살려고 한다.

99

01

시기와 질투

　　역사적 기록을 보면, 나라가 분열하거나 인간 관계가 망가지는 모습을 많이 볼 수 있다. 그 이유 중 하나는 아마도 시기와 질투가 아닌가 싶다. 한나라의 여태후가 척 부인의 눈을 멀게 하고 사지를 잘라 돼지우리에 가둔 사건이나 아버지 이성계가 배다른 형제 방석에게 보위를 물려주려 하자 동생을 죽인 태종 이방원만 봐도 그렇지 않은가? 정도의 차이는 있지만, 시기와 질투는 모든 인류의 공통된 죄의 본성이라 할 수 있다.

　성경에서도 시기와 질투를 기록한 내용이 등장한다. 창세기 4장 초반부에는 인류 최초의 살인이 일어나는 사건을 다루고 있다. 본문은 하나님과 가인, 아벨이 등장한다. 하나님께 바치려고 가인은 땅의 소산을, 아벨은 양의 첫 새끼와 기름을 준비하여 제사를 지낸다.

그러나 하나님은 아벨의 제사만 받으시고, 가인의 제사는 받지 않으셨다. 그런 결과에 가인은 몹시 화가 났고, 하나님께서는 가인에게 스스로 죄를 다스리라고 하셨지만, 그는 듣지 않았다. 결국 가인은 아우 아벨을 들로 불러내서 쳐 죽인다. 가인의 이러한 행동에는 하나님이 아벨의 제사만 받은 것에 대한 시기와 질투 때문이었다. 하나님께서는 그것을 알고 가인을 찾으셨다.

주님께서 가인에게 말씀하셨다.

"너의 아우 아벨이 어디 있느냐?"

가인은 하나님의 질문에 대답한다.

"모릅니다. 제가 아우를 지키는 사람입니까?" (창세기 4:9, 새 번역)"

자신이 한 일을 알고도 가인은 오히려 하나님께 역정을 내며, 오리발을 내밀었다. 결국, 그는 하나님과 고향을 떠나 땅을 유리하는 자가 되었고, 형벌에 대한 무거운 짐을 지고 자신을 죽이려는 자들로부터 위협을 받게 된다. 죄의 형벌을 지기에는 형벌이 너무 무겁다고 호소하는 가인을 불쌍히 여긴 하나님은 그에게 표를 주어 사람이 그를 죽이지 못하게 하셨다. 아무튼 시기와 질투의 결과는 이렇게 무겁고 처참하기까지 하다.

신앙생활을 꽤 해왔던 나도 보통 사람과 별반 다르지 않다. 내게는 두 살 터울의 형이 하나 있다. 빠른 연생이라 학교를 일찍 다녔지만 활발하고 똑똑해서 친구들에게 인기가 많았다. 우리는 어릴 때부터 어딜 가나 함께였는데, 그냥 형이 좋아서 잘 따라다녔다. 심지어 형이 친구와 놀러 간다고 했을 때도 껌딱지처럼 따라다녔을 정도였다. 귀찮았을 법도 한데 형은 내색하지 않고 나를 잘 데리고 다녔다. 그랬던 우리 형제의 관계는 시간과 환경에 따라 변화를 맞게 되었다. 형이 중학교로 진학을 했는데 통학버스를 타고 학교에 다녔다. 같은 학교에 다니다가 다른 학교에 다니게 되니 저절로 함께 하는 시간도 줄었다.

그렇게 3년을 보내고 나니 형이 고등학교로 진학하게 되고 나는 중학생이 되었다. 학교는 달랐지만, 교회에서는 같은 중고등부에 소속되어서 형과 다닐 수 있게 되었다. 당시 형은 중고등부 회장을 맡고 있었는데 맡은 일을 영리하고 꼼꼼하게 처리하고, 붙임성도 좋아서 남녀노소를 가리지 않고 인기가 많았다. 형이 인정받는 모습을 보니 처음에는 싫어하지 않았다.

그런데 형을 교회에서 모르는 사람이 없을 정도였는데 어느 순간 나이 드신 장로님, 권사님, 집사님들 모두 나를 '영철아' 라고 불렀다. 지금은 이해하지만, 어린 시절에는 한두 번도 아니고 여러 번 형 이름으로 대신 불리니까 마음을 곱게 먹지 못했다. 그때부터 형이 인정받고 사는 것에 대해서 시기와 질투심이 일어나기 시작했다. 가끔 실수하거나 잘못을 하면 형과 비교해서 말하는 사람이 있기도 했는데 그때마다 귀가 따가웠다. 그렇게 마음 한가운데 '비교의식' 이라는 글자가 새겨지게 되었고, 나 자신을 있는 그대로 받아들이고 사랑하는 것이 어려웠다.

　처음에는 형에게만 해당하는 것으로 생각했지만, 결코 그것으로 그치진 않았다. 나쁘게 먹은 마음이 점점 확장되고 세밀해져 갔다. 어느 공동체에 속해 있든지 사랑받고 인정받고 싶은 욕구는 늘 그대로였는데, 외적으로 인정과 사랑을 듬뿍 받는 사람을 보면 어느 순간 항상 시기심이 올라왔다. 유쾌한 교회 친구에게서도 질투심을 느꼈고, 대학생 시절 IVF 활동 중에도 잘 생기고 재주가 많으면서 말도 잘하는 형제들이 인기가 많은 것이 항상 배 아팠다. 그런 사람은 늘 자매님들로부터 인기가 많았기에 더더욱 싫은 마음이 커졌다. 마음속에서 깊이 내재한 죄성이 차고도 넘쳤던 하루를 보내기도 했다. 비록 관계 속에서 화로 표출되지는 않았지만, 매번 자존감이 바닥을 쳤다. 누군가의 인정과 사랑에 늘 목이 말랐으며, 외로움에 사무치다 못해 심지어 밤길을 걷다가도 눈물이 핑 돌기까지 했다.

'저 사람은 키도 크고 잘 생겼네? 그런데 난 왜 이렇게 키도 작고 못생긴 거야?'

'쟤는 공부도 잘하고 말주변도 좋아서 인기가 많네. 근데 난 공부도 못하고 말주변도 없는데.'

'엄마 친구 아들은 이번에 대기업 들어가서 연봉도 많이 받는다던데 나는 취업도 못하고 이게 뭐지?'

'저 사람은 좋은 차를 타고 다니네. 부모가 금수저인가? 부럽네. 나는 차도 없는 흙수저인데.'

온통 불만과 모자람에 집착하며 지냈다. 만약 다음 생이 있다면, 정말 하나님이 할 수만 있다면 다시 태어나 좋은 집안에 금수저 인생, 다이아몬드 수저 인생으로 살아봤으면 하는 공상만 가득 떠올리곤 했었다. 혹은, SF 영화처럼 '벼락이라도 내게 떨어져서 지금보다 키 크고 잘생기고 말도 잘하고 모든 능력이 뛰어난 사람으로 탈바꿈해서 새로운 인생을 살면 얼마나 좋을까?' 하는 상상도 했을 정도로 심각하게 망가져 있었다. 이렇게 왜곡된 비교의식을 가지고 살았던 나는 내면을 돌보며 사랑할 기회가 한 번도 없었다. 겉으로 보이진 않았지만 기쁨이 없고, 영혼은 앙상한 가지처럼 메말라갔다.

그러던 어느 날, 하나님은 말씀을 통해서 시기와 질투로 가득 찬 나를 깨우쳐 주셨다. 누가복음 15장 11~32절에서 나오는 '탕자의 비유'에서 메시지를 받아 위로와 힘을 얻게 되었다.

어떤 사람에게 아들 둘이 있는데 작은아들이 재산을 미리 달라고 한다. 아버지는 두 아들에게 재산을 나눠주고 작은아들은 자기 것을 가지고 먼 나라로 가서 재산을 탕진한다. 가난해진 그는 돼지 치는 일을 하면서 쥐엄열매를 먹으면서 살다가 다시 고향으로 돌아갈 결심을 하고 아버지를 찾아간다. 먼발치에서 작은아들을 기다린 아버지는 잃어버린 줄 알았던 작은 아들을 발견하고는 달려가 껴안고 목에 입을 맞춘다. 그리고 하인을 시켜 가장 좋은 옷을 입히고 신발을 신기고 반지를 끼워준다. 그런 다음 살진 송아지를 잡아 잔치를 벌인다. 이때, 큰아들이 밭에서 돌아오다 잔치 소리를 듣고 하인에게 물으니 작은아들이 돌아와서 주인께서 살진 송아지를 잡아 잔치를 벌인다는 말을 듣게 된다. 그 말을 들은 큰아들이 화가 나서 집에 들어가지 않으려 하는데 아버지가 그를 달랬다. 큰아들이 말했다.

"나는 이렇게 여러 해를 두고 아버지를 섬기고 있고, 아버지의 명령을 한 번도 어긴 일이 없는데, 나에게는 친구들과 함께 즐기라고 염소 새끼 한 마리도 주신 일이 없습니다. 그런데 창녀들과 어울려 지내며 아버지의 재산을 다 삼켜 버린 동생이 오니까, 그를 위해서는 살진 송아지를 잡으셨습니다."

큰아들은 아버지의 재산을 탕진한 동생이 밉기도 했지만, 그런 동생을 다시 아들로 맞이하고 큰 잔치를 베푸는 아버지에 대한 서운함이 더 컸다. 질투심에 젖어있는 큰아들에게 아버지가 타이르듯 말했다.

"얘야, 너는 늘 나와 함께 있으니 내가 가진 모든 것은 다 네 것이다. 그런데 너의 아우는 죽었다가 살아났고, 내가 잃었다가 되찾았으니, 즐기며 기뻐하는 것이 마땅하다."

동생에 대해 시기와 질투를 했던 건 분명하지만, 사실 큰아들은 부족한 것이 없다. 왜냐하면, 아버지가 그와 함께하고 있기 때문이다. 큰아들은 아버지와 함께 있으면서 부족함이 없었을 것이다. 아버지는 그런 사실을 큰아들이 알았으면 하는 바람이 있었던 것은 아닐까?

하나님이 함께하시고 나를 특별한 존재로 여기시며 사랑하신다. 그 사실만으로도 충분한 것이 크리스천의 삶이다. 주님과 동행하며 사랑을 지속하면, 더는 자신을 타인과 비교하며 깎아내리지 않게 된다. 오히려 타인을 바라보는 시선이 경쟁과 비교의 대상이 아닌 사랑하고 섬겨야 할 대상으로 보이게 된다. 지금도 여전히 나의 내면은 치열한 전쟁터와 같다. 타인과 나를 저울질하는 비교의식이 마음에서 올라 올 때마다, 그것과 싸우면서 주님 주신 자유를 누리며 살려고 노력하는 중이다.

우리 인생은 매우 귀중한 금 그릇과도 같다. 인생을 시기와 질투로 가득 채우기엔 너무나 아깝지 않겠는가? 대신 귀중한 자신의 내면에 예수님의 사랑과 이웃을 섬기려는 선한 의지가 담겨 있다면 우리 인생은 지금보다 더욱 빛날 것으로 생각된다.

"그러므로 예수께서 자기를 믿은 유대인들에게 이르시되 너희가 내 말에 거하면 참으로 내 제자가 되고 진리를 알지니 진리가 너희를 자유롭게 하리라. (요한복음 8:31~32)"

02

인간의 본성

　　2008년 8월. 합천에서 전경으로 군에 복무하고 있던 시절, 우리 타격대원들은 합천영상테마파크 행사지원을 나간 적이 있다. 그날은 MBC 월화드라마 '에덴의 동쪽' 제작발표회가 있던 날이었다. 송승헌, 연정훈, 박해진, 한지혜, 이다해, 이연희 등 출연진이 촬영한 드라마 제작발표회라서 그런지 시골치고는 제법 많은 인파가 몰렸다. 우리는 행사 전에 도착해서 무대가 준비되는 동안 대기했다.

　8월 합천의 날씨는 더울 때는 35℃가 넘었다. 오전 8시에 경찰서 정문 근무를 서고 있으면 해가 서서히 내가 서 있는 곳으로 들어온다. 발끝에서부터 올라오는 햇볕이 서서히 다리로 올라오면 바지가 뜨거워진다. 이러한 현상은 가끔 한낮의 기온을 견디는 것보다도 버거웠다.

무대가 세팅되는 동안 땡볕에 서서 행사가 준비되는 상황을 지켜보았다. 그렇게 몇 시간 동안 서 있으려니 땀이 나고 겨드랑이가 찝찝했다. 누가 시원한 얼음물 좀 가져다주었으면 하고 바랐다. 그런 생각을 할 때 누군가가 우리에게 다가와서 수고한다고 인사를 하였다. 그분은 우리 경찰서 식당일을 도맡아서 하던 이모님이었는데, 평소에도 우리 대원들을 잘 챙겨주셨다. 가끔 매점에 식료품을 들일 때 우리에게 짐이 무거우니 좀 도와달라고 하시곤 했는데, 그러고 나면 고맙다면서 매점에 있는 과자나 음료수를 주곤 하셨다. 그런 이모님이 여기는 무슨 일로 왔을까? 나중에 알고 보니 이모님은 합천영상테마파크 관계자라서 행사장에 계셨던 것이었다.

아무튼 이모님은 우리에게 시원한 아이스크림을 사주겠다고 하셔서 나와 내 동기인 민재는 이모님을 따라 매점으로 갔다. 매점 내 냉장고에 시원한 아이스크림이 종류별로 많이 있었는데 그중에는 내가 좋아하는 아이스크림인 '빵XX'도 있었다. 먹고 싶었지만, 마음을 꾹 누르고, 이모님이 골라준 아이스크림을 가져갈 수밖에 없었다. 잘 먹겠다고 말하고 나서도 마음 한편에는 '빵XX'를 떠나보낼 수 없었다. 어쨌든 나와 민재는 선임이 있는 곳으로 돌아갔다.

검은 봉지에 담긴 아이스크림을 선임에게 보여주었다. 더위에 지쳐있어서 그런지 다들 함박웃음을 지으며 아이스크림을 하나씩 꺼내 먹었다. 후임 3명이 있었지만, 그 당시에 출동한 대원 중에 나와 민재가 막내였기 때문에 아이스크림을 선택할 순서는 맨 마지막이었다. 10명이 넘는 대원 중에서 막내인 것이 참 서러운 순간이었다. 다 골라가고 마지막에 남아 있는 아이스크림은 비XX, 메XX뿐이었다. 메XX를 고르고 나니 아이스크림 하나가 남게 되었다. 그런데 도로 갖다 주라는 고참 말을 들으니 여간 더운데 마음도 내키지 않았다. 그래도 어찌하겠는가. 하는 수 없이 남은 아이스크림이 든 봉지를 들었다.

다시 매점으로 가서 아이스크림을 반납하려고 하니까 '빵XX'가 눈에 띄었다. 노란색 테두리에 직사각형 모양의 '빵XX'가 탐이 났다. 그런데 비XX, 메XX 형태의 아이스크림보다는 두 배나 비싼 가격이었다. 그래서 한 가지 꾀를 내어 매점 주인에게 말했다.

"사장님. 아이스크림 남은 거 반납하러 왔는데요. 아이스크림 반납하고 여기 '빵XX' 하나로 바꿔 먹어도 되나요?"
"네. 괜찮아요. 그렇게 하셔도 되요."
"감사합니다."

그때는 오랜만에 '빵XX'를 먹을 수 있다는 사실이 얼마나 행복했는지 모른다. 신이 나서 봉지를 까고 아이스크림을 한입 베어 무니

더위가 싹 날아가는 느낌이었다. 그렇게 달콤한 아이스크림과 빵이 조화를 이루어서 나에게 행복함을 가져다주었다. 게다가 쿠키와 크림의 맛은 이루 말할 수 없었다. '빵XX'를 먹으면서 선임들이 있는 곳으로 다시 되돌아갔다. 너무 기분 좋은 나머지 군대와 단체생활 중임을 순간 잊은 채 아이스크림을 들고 터벅터벅 걸어갔다. 목적지에서 한 7~8m 정도 남겨두고 있는데, 김대원 상경이 나를 보면서 말했다.

"우와~! 고영진(군대 시절 내 별명이었음). 장난 아니네. 너 손에 든 거 뭐야?"

순진하게도 있는 그대로 받아쳤다.

"이거 빵XX지 말입니다. 이왕 반납할 거 아까워서 빵XX로 바꿨지 말입니다."
"빵XX? 이 빵XX 같은 자식. 고참은 싸구려 먹고 너 혼자 비싼 거 먹냐?"
"아......"

할 말이 없었다. 욕구에 충실한 나머지 그만 단체생활 중이라는 것을 잊어버리고 독단적으로 행동했으니 말이다. 다른 사람을 뒤로하고 혼자 비싼 아이스크림을 먹은 걸 생각하니 고개를 푹 숙이게 되었다. 다행히도 '빵XX' 사건은 선임들이 웃고 넘기는 헤프닝이 되어 큰 문제가 되지는 않았다. 훗날 회상해보니 그 사건으로 갈굼을 당하지 않은 게 참 다행이었다.

욕구는 인간의 기본 특성이다. 누구나 어릴 적부터 가지고 있는 인간의 특성이라 할 수 있다. 배고픔의 욕구, 잠자고 싶은 욕구, 무언가를 소유하고 싶은 욕구, 누군가로부터 칭찬받고 인정받고 싶은 욕구 등 여러 가지 욕구가 인간에게 존재한다. 때로는 욕구를 채우기 위해서 떼를 쓰기도 하고, 정당한 대가를 치르고 그 욕구를 채우기도 한다. 그러나 욕구를 잘못된 방향으로 채우려 하거나 그 정도가 지나치면 욕심이 되기도 한다.

소유욕을 들어서 예를 들자면, 대형매장에 최신형 스마트폰인 S사의 '갤럭시 S10'이 있다고 생각해보자. 그것을 보고 우리는 무슨 생각을 하는가? 가지고 싶고 자신의 소유로 삼고 싶을 것이다. 정상적인 범주에서 생각해보면 내 것으로 만들기 위해 매장 직원과 상담한 후, 계약서를 쓰고 휴대폰 비용을 지불하게 된다. 그러나 비정상인 방법인 경우, 아무도 모르게 스마트폰을 주머니에 넣고 매장을 나오게 되면, 그것은 절도이며 범죄다. 또한, 흉기를 써서 매장 직원을 꼼짝할 수 없게 만들고 물건을 훔쳐 달아나는 행위도 그렇다. 사회적 질서에 반한 행위다. 이처럼 욕구가 사회적 질서를 따르지 않고, 지나치게 잘못된 충족방식으로 표현되는 건 욕심이 된다. 이러한 욕심에 근거한 행위는 범죄행위와 같은 죄가 된다.

구약성경에서도 개인의 욕심으로 인해 공동체가 피해를 본 사례가 있다. 바로 '아간'이라고 하는 사람으로 인해서 이스라엘 백성이 전쟁에서 패배하는 사건이 있었다.

모세가 죽은 후, 이스라엘 백성의 다음 지도자가 된 여호수아는 백성을 이끌고 가나안의 첫 관문 여리고 성으로 간다. 이스라엘 백성은 하나님이 일러주신 방법으로 여리고 성을 함락시킨다. 함락과 동시에 여호수아는 백성에게 다음과 같은 말을 한다.

"너희는 온전히 바치고 그 바친 것 중에서 어떤 것이든지 취하여 너희가 이스라엘 진영으로 바치는 것이 되게 하여 고통을 당하게 되지 아니하도록 오직 너희는 그 바친 물건에 손대지 말라 은금과 동철 기구들은 다 여호와께 구별될 것이니 그것을 여호와의 곳간에 들일지니라(여호수아 6:18)"

가나안에 처음 입성한 이스라엘 백성은 전리품을 그들의 신이 되시는 여호와께 바치는 것이 마땅했다. 그런데 아간은 재물 중 일부를 몰래 감추어 자신의 장막에 숨겨둔다. 곧바로 여호수아는 여리고 근처 벧아웬 옆에 있는 아이 성을 치기로 한다. 아이 성은 여리고 성보다 규모가 훨씬 작은 성이었기 때문에 삼천 명만 보내어 성을 함락시키려 했다. 그런데 어이없게도 패배를 맞보게 된다. 여호수아는 옷을 찢으며 하나님의 법궤 앞에서 울면서 기도했다. 기도를 들으신 하나님은 여호수아를 위로하고 패배하게 된 원인을 말씀하신다. 바쳐진 전리품 일부를 도둑질한 이가 있다고 말씀하시면서 온전히 바친 물건과 도둑질한 자, 그가 소유한 모두를 없애 거룩한 백성이 되라고 하신다. 이처럼, 하나님 앞에서 완전 범죄란 없으며 거룩하신 분이시므로 이스라엘 백성은 죄를 숨겨서는 안 되었다. 그런데 아간은 죄를 짓고 몰래 자신의 잘못을 숨긴 것이다.

여호와의 말씀을 들었던 여호수아는 즉시 백성들을 모으고 제비를 뽑았다. 유다 지파가 뽑히고 세라 족속이 뽑혔는데 그중에서 제비를 뽑으니 아간이 지목되었다. 아간을 추궁하니 아름다운 외투 한 벌, 은 이백 세겔, 금 오십 세겔을 탐내어 가졌다고 말한다. 장막에서 찾아보니 훔친 물건이 나왔고 더는 죄를 부인할 수가 없었다. 이스라엘 백성은 아간과 훔친 물건과 그의 아들, 딸과 가축들을 비롯한 모든 재산을 끌고 아골 골짜기로 가져갔다. 그런 후, 아간과 그의 가족을 돌로 치고, 모든 재산을 모아 불사른 후 그 위에 돌무더기를 쌓았다. 그러자 하나님의 진노가 그쳤고, 이스라엘 백성은 아이 성 전투에서 승리를 거두게 되었다.

전쟁에서는 왕이나 지도자의 명령을 듣지 않는 자는 군령에 의해 처벌받는다. 특히 고대에는 군령을 어기면 죽음으로 갚아야 했다. 중국 촉나라 제갈 공명이 군령을 어긴 마속을 참수한 사실처럼 말이다. 아간의 범죄는 어찌 보면 전리품을 가지고 싶다는 욕구에서 비롯한 것이다. 그러나 이스라엘 지도자의 명령을 어기고 하나님께 드릴 것을 도둑질한 것은 분명히 욕심이며 범죄다. 그의 죄로 인해 이스라엘 전체가 더럽혀지고 거룩한 하나님의 인도를 받지 못해 전쟁에서 패배했다. 심지어 아이 성 전투에서 죽지 않아도 될 36명이 목숨을 잃었다. 이처럼 한 개인의 잘못된 욕심이 공동체에 해악을 끼친 사건이 발생하게 되었다.

욕심을 과하게 내지 말고 그 마음이 어떤 상황에서도 남에게 피해를 주지 않는 욕구인지, 아니면 모두에게 해를 끼치는 욕심인지 그 마음을 잘 살펴야하겠다. 사회와 공동체에 피해주지 않고, 좋은 것만 전하는 성숙한 그리스도인으로 살아가고 싶다.

"욕심이 잉태한즉 죄를 낳고 죄가 장성한즉 사망을 낳느니라. (야고보서 1:1)"

03

당신을 사랑합니다

———

어릴 적, 나는 역사 이야기와 역사 속 인물을 동경하고 좋아했다. 집에 위인전집이 있었는데, 한국위인전, 세계위인전 가리지 않고 흥미롭게 읽었다. 12척의 배로 백 척이 넘는 왜군을 막고 후퇴시킨 이순신 장군의 충성심과 전략에 감탄하기도 하였으며, 로마 정복을 위해 알프스 산맥을 넘었으나 로마의 카르타고 침공으로 눈물을 삼키며 되돌아간 한니발 장군의 이야기에 안쓰러운 마음을 갖기도 했다. 그러한 덕분에 매번 역사 수업은 지루하지가 않았고, 시험을 칠 때마다 항상 고득점을 받았다. 마찬가지로 사극 드라마나 역사를 배경으로 한 영화를 좋아한 덕분에, 결국 대학교 진학마저도 역사학과를 택하게 되었다.

2005년 대학교 1학년 때 재미있게 시청했던 드라마가 있었다. 'S'

방송사에서 월화에 방영했던 조현재, 이보영 주연의 '서동요'라는 드라마였다. 백제 시대라는 배경과 유명한 향가로 알려진 '서동요'를 각색한 작품이라서 재밌게 시청했다. 또한, 주인공이 자신의 정체를 알아가면서 왕으로 성장하는 이야기와 더불어 선화공주와 이루는 신분을 뛰어넘는 러브스토리는 내 이목을 확 끌어당기기에 충분했다.

드라마가 사실과 다른 허구적 요소는 있지만, 인물 간에 대사를 통해 때로는 사랑과 인생에 대한 통찰력을 얻기도 한다. 12화에서 선화공주는 서동 즉, 장이 백제사람이라는 사실을 알게 된다. 자신이 속은 것에 분노한 선화는 진각사로 돌아가서 깊은 시름에 잠겼고, 장이는 공주의 호위무사에게 맞아 기절한다. 하루의 시간이 흐른 뒤 장이와 공주는 다시 만나게 되고, 오두막에서 장이는 왜 자신이 나라를 떠나 신라에 왔는지, 숨어서 지낼 수밖에 없었는지를 털어놓게 된다. 선화는 다시 깊은 고민을 하게 된다. 나라와 신분 차이를 극복할 수 없다고 판단한 선화는 장에게 말했다.

"하늘재에는 아무 일도 없을 것입니다. 저는 듣지도 알지도 못한 일입니다. 당신 또한 마찬가지 입니다. 저는 듣지도 알지도 못했던 분인 겁니다. 잊을 것입니다. 당신의 비난이 맞습니다. 당신을 내 마음대로 두어 호위무사를 시키고, 당신의 신분을 조작이라도 하여 격상시킬 생각을 했지 진심으로 그로 인해 닥칠 고난과 위기를 같이 할 생각을 하지 못했습니다.

제가 미숙하여 실수한 것입니다. 인정하고 잊을 겁니다. 그리고 이제 공주의 길을 갈 것입니다. 당신도 당신의 길을 가십시오."

그렇게 이별 선언을 하고, 선화는 장의 곁을 떠나 맥없이 진각사로 돌아가는데, 가만히 앉아 있던 장이 갑자기 뛰쳐나간다. 그러면서 저만치 걸어가는 선화공주를 향해 큰 소리로 말한다.

"실수란 없습니다. 사람이 마음을 주는데 또 받는데 실수란 없습니다. 잘못하여 주는 마음은 없단 말입니다. 가기에 주는 거고 오기에 받는 것입니다. 잊지 못할 겁니다. 잊으실 수 없으실 겁니다. 되지 않는 겁니다. 될 수 없는 일입니다."

사람이 마음을 주고받는 데 실수가 없다는 말을 듣는데, 처음에는 참 감동적인 문구라고 생각했다.

'그렇지! 사랑은 역시 용기구나.' 하며 나름 괜찮은 대사를 건졌다고 생각했다. 그러나 세월이 지나 최근에 다시 그 장면을 보니 가슴 깊은 곳에서 잊고 있던 허전함이 쑥 올라왔다. 서울에 살면서 2년 동안 만났던 전 여자 친구와의 추억들이 생각났기 때문이다.

울산으로 내려올 때 이별을 하면서 '이렇게 헤어질 거면 차라리 만나지 말걸.' 또는 '외롭더라도 고백하지 말걸.' 하며 쓰린 가슴을 부여잡곤 했다. 그녀를 끝까지 책임질 수 없는 나의 한계를 느끼고, 이별을 맞이하면서 그녀에게 드는 미안함이 컸다. 심지어 그녀를 만난 것이 실수라고까지 생각했다. 그런데 그 당시 마음을 주고받았던 것은 실수가 아니었다. 헤어진 후에도 이렇게 잊지 못하고 있으니까 말이다. 지금은 새로운 사람을 만나는 것에 대한 기대감이 들긴 하지만, 한편으로는 온전한 사랑을 상대방에게 주지 못할까봐 두렵기도 하다.

예수님께서는 수제자인 베드로를 정말 많이 사랑하셨다. 기도하러 산에 올라가실 때를 제외하고는 언제나 그와 함께하셨다. 그런데 예수님이 잡히시던 밤에 베드로는 세 번이나 주님을 부인했다. 사람들에게 핍박을 받으시던 예수님이 자신을 부인하는 베드로를 애처로운 표정으로 쳐다보셨다. 그 순간, 베드로는 예수님과 눈이 마주치게 되고, 닭이 우는 소리를 듣게 되었다. 그런데 베드로는 밖에 나가서 심히 통곡하게 된다. 잡히시기 전에 예수님이 하신 말씀 때문이었다.

"오늘 닭 울기 전에 네가 세 번 나를 모른다고 부인하리라. (누가복음 22:34)"

예수님은 이미 알고 계셨다. 자신이 사랑한 베드로가 배신할 것을. 그런데 예수님은 베드로를 포기하지 않으셨다. 베드로의 믿음과 사랑이 식지 않도록, 다른 형제를 굳세게 할 사람으로 세워지도록 잡히시기 전에 미리 기도하셨다. 또한, 부활하시고 베드로 앞에 나타나셔서 '요한의 아들 시몬아 네가 나를 사랑하느냐?' 라고 세 번이나 물어보셨다.

질책하려고 세 번 물으신 것이 아니다. 세 번이나 예수님을 부인했던 베드로가 예수님께 용서를 구하고 다시 예수님을 진실로 사랑하는 제자가 되길 바라셨기 때문이다. 또한, 그를 복음 전파하는 사도로 세우기 위해서 물으신 것이다. 그렇게 예수님의 깊은 사랑을 경험한 베드로는 용기를 얻었고, 예수님께서 승천하신 후 예루살렘 교회의 핵심 인물이 된다. 또한, 최후에는 로마에서 복음을 전하다가 십자가에 거꾸로 매달려 순교하게 된다. 예수님의 철저한 제자로 자신의 인생을 불태운 것이다.

예수님께서 우리에게 주신 사랑은 목숨을 내어주신, 용기 있는 사랑이다. 사실, 우리 인간이 할 수 있는 사랑은 한계가 있다. 마스미 토요토미의 저서 '참 사랑은 그 어디에' 를 보면 세 가지의 사랑에 대해서 소개하고 있다. '만약에(if)' 식의 사랑과 ' 때문에(because)' 식의 사랑 그리고 '불구하고(in spite of)' 식의 사랑이 있는데, 앞의 두 가지 사랑의 형태가 인간이 흔히 하는 사랑이다. 연인관계는 물론 가족이나 친구와의 관계 속에서 '만약'과 '때문에'의 사랑을 하려고 우리는 끊임없이 힘든 대가를 지불하게 된다. 사랑하는 사람으로부터 사랑받기 위해서 무엇을 갖추려 한다거나 어떤 이유를 충족시킴으로써 사랑을 갈구하게 된다.

그러나 힘든 대가에도 불구하고 상대방을 충분히 만족시키지 못하게 되면 사랑을 받을 수 없게 된다. 그로 인해 사랑을 얻지 못한 사람은 깊은 절망에 빠지거나 심지어는 아무도 자신을 사랑해주지 않아 혼자라는 생각에 자살이라는 극단적 선택을 하기도 한다. 그런데 '불구하고'의 사랑은 그럴 필요가 없다. 예수님은 그리스도인과 비 그리스도인을 공평하게 사랑하신다. 특별히 갖추어야 할 것도, 특별한 이유 없이도 누구나 누릴 수 있다. 그저 예수님께서 주시는 무한한 사랑을 받아들이기만 하면 된다. 준비해야 할 것 없이 자신의 모습 그대로 주님께 나아가면 된다.

나는 조건 없는 '불구하고' 식의 사랑을 실천하신 예수님이 좋다. 별다른 노력 없이도 그분께 나아가면 그분이 주시는 사랑을 깨닫고 마음껏 누릴 수 있기 때문이다. 비록 살면서 죄를 짓기도 하고 죄인임을 스스로 느낄 때는 마음이 힘들고 아프기도 하지만, 예수님께서 내 죄를 위해 대신 지신 십자가 사랑으로 인해 죄인에서 하나님 자녀로 신분이 변화됨을 느낀다. 이처럼, 그분은 나를 포함한 모든 인류와 피조물을 사랑하셔서 목숨을 버리는 용기를 택하신 성자 하나님이시다.

그에 비하면 내가 주님을 사랑하기에는 너무나 서툴고 보잘것없다. 또한, 주님으로부터 받은 사랑을 온전하게 나누며 살기도 쉽지 않다. 그래도 포기하지 않고 하나님의 완전한 사랑이 모든 것을 이길 힘을 가지고 있음을 믿으며 살아가고 있다. 앞으로 짊어질 사랑과 책임, 평생 한 사람에게 헌신할 수 있는 용기가 지금은 부족하지만, 하나님 안에서 거룩한 가정을 꾸릴 수 있기를 소망하고 있다. 훗날, 결혼하여 가정을 꾸려갈 사람을 만나게 되면, 그때는 피하지 않을 것이다. 놓치지 않고 꼭 붙잡을 거다. 그녀를 만나게 되면 하나님께서 평생 사랑하고 섬길 배필로 주신 것에 감사하며 살아가고 싶다. 그때까지 주님 사랑 안에 머물면서 최선을 다해 공동체를 섬기며, 하나님 나라를 위해 열심히 기도하는 크리스천으로 살아가겠다.

"사랑은 오래 참고 사랑은 온유하며 시기하지 아니하며 사랑은 자랑하지 아니하며 교만하지 아니하며 무례히 행하지 아니하며 자기의 유익을 구하지 아니하며 성내지 아니하며 악한 것을 생각하지 아니하며 불의를 기뻐하지 아니하며 진리와 함께 기뻐하고 모든 것을 참으며 모든 것을 믿으며 모든 것을 바라며 모든 것을 견디느니라. (고린도전서 13:4~7)"

04

조금 더 나은 세상

　　2년 동안 서울에 살면서 있었던 일이다. 서울의 어느 동네에서 후원 모집을 위해 상점과 사무실을 다니고 있었는데, 아마도 수유 1동이었지 싶다. 몇 십 군데를 돌아다니던 중 어느 미용실을 발견하게 되었는데, 들어갈지 말지 잠시 망설였다. 지금껏 미용실에서는 한 번도 후원자를 만난 적이 없었기 때문이다. 경험상 미용실에 들어가면 아주머니들이 삼삼오오 모여서 이야기꽃을 피우고 있거나, 미용실 원장님은 손님에게 머리를 해주느라 정신없는 광경이 펼쳐지는데 그런 상황에서는 단체 후원에 관한 이야기를 전달하기 어렵다. 그러나 거절당하더라도 한번 시도해볼 필요는 있다고 생각되었다.

　　입술 한번 살짝 깨물고는 문을 열고 들어갔다. 들어가니 손님은 한

명 있었고, 미용실 원장님으로 보이는 사람이 손님 머리를 말고 있었다. 또한, 원장님의 아이들로 보이는 10살 정도 되는 여자아이 한 명과 8살 정도 되는 남자아이 한 명이 있었다. 약간은 어수선해 보이는 분위기였다.

"안녕하세요."
"네. 안녕하세요."
"저는 유엔난민기구에서 나왔습니다. 혹시 시간 되시면 잠시 저희가 하는 활동에 대해 소개를 좀 해 드려도 될까요?"
"네. 근데 제가 지금 일하는 중이라서 앉아서 설명 들을 수는 없을 거 같아요."
"괜찮습니다. 그러면 제가 원장님 업무를 보시는 동안 짧게 말씀드릴게요."

후원하느냐 마느냐보다는 단체를 알리는 일에 최선을 다해야겠다는 생각이었다. 유엔난민기구가 설립된 배경과 활동을 진심을 담아 전했다. 또한, 원장님이 손님 머리를 하는 동안 멀찍이 서서 피치 카드를 볼 수 있도록 거울에 비춰주었다. 그러자 원장님은 손님 머리를 하면서 중간마다 머리를 끄덕이며 반응해주었다.

그렇게 평소보다 짧은 소개는 끝이 났다. 원장님에게 지금은 후원자 모집을 위해 방문 중이라고 말했다. 왠지 바쁜 사람 억지로 붙잡은 느낌이 들어서, 별일 없으면 여기서 얼른 나가 다른 곳을 방문하자고 생각했다. 그런데, 원장님은 잠시만 기다려 보라며, 롤과 약품을 내려놓으면서 말했다.

"설명해주셔서 감사해요. 사실 제가 예전에 유니세프 아동 돕는 후원을 했었어요. 그런데 가계 상황 이 어려워져서 몇 해 전 후원을 중단할 수밖에 없었지요. 그런데 오늘 선생님께서 이렇게 오셔서 말씀해 주시니까 예전에 유니세프 후원했던 생각이 많이 나네요."

"아~! 그러셨군요. 어쩐지 제 이야기 잘 들어주시는 거 같았는데 유니세프 후원자셨군요!"

"네. 끝까지 후원 못해서 마음에 걸렸었거든요. 유엔난민기구도 일대일로 아동을 후원하나요?"

이런 질문을 처음 받아서 약간 당황했다. 내 말 한마디에 후원자가 될 수도 있고, 안 될 수도 있기 때문이었다. 어떻게든 원장님의 누군가를 돕고자 하는 마음의 불씨가 꺼지지 않게 하고 싶었다. 이내 곧 평정심을 되찾았고, 문득 좋은 말이 떠올라 침착한 어조로 말했다.

"그건 아닙니다. 저희 'UNHCR' 은 유엔 산하 기구인데, 저희가 먼저 난민캠프를 마련하면 유니세프 와 같은 NGO 단체가 들어와서 함께 일을 하게 된답니다. 저희가 집이 없는 아이들에게 살아갈 수 있도록 장소를 제공해야 유니세프가 난민 아이들을 적극적으로 도울 수 있답니다. 비록 난민 아동과 일대일 후원을 맺는 건 아니지만, 저희가 유니세프와 함께 많은 아이들을 살리고 보호하도록 노력하고 있습니다. 유엔난민기구가 더 많은 난민 아이들이 이 세상을 따뜻하고 행복하게 사는 것을 도울 수 있도록 원장님께서 힘을 조금 보태주시면 감사하겠습니다."

"네. 그래요. 그러면 잠시만 기다려주세요."

말을 마치시자마자 손님에게 양해를 구하고 착용하셨던 장갑을 벗었다. 나는 볼펜과 후원약정서를 건네주었고, 원장님은 아이들이 남을 돕고 살길 바라는 마음을 담아 자녀 이름으로 정성스럽게 작성해주었다. 그 모습을 보는데, 난민과 아이를 생각하는 원장님의 마음이 와 닿아서인지 내 마음도 뭉클해졌다.

이 경험담은 2015년 1월에 있었던 일이었다. 모금대행업체에서 근무하던 시절, 유엔난민기구 거리 모금 활동을 했다. 사람이 붐비는 전철역 근처나 사거리에 부스를 설치해서 사람을 모으기도 했고, 상가를 직접 방문하여 후원자를 모집하기도 했다. 물론 추운 날 야외에서 일하는 것은 상당히 고단했지만, 위의 사례처럼 한 명의 후원자를 만나게 되는 기쁨은 이루 말할 수 없을 만큼 값졌다.

거리모금가의 삶을 경험하고 나니 세상을 보는 관점이 조금 바뀌었다. 예전에는 세상이 각박하고 서민이 살기 어려워도, 과연 지구 반대편의 죽어가는 사람을 생각하며 후원하는 사람이 정말 있겠냐는 의구심이 들기도 했었다. 그런데 직접 내 손으로 후원약정서를 받아보니 세상이 그렇게 차갑지만은 않다는 사실이 느껴졌다. 잠깐 경험한 모금활동가였지만, 좀 더 나은 세상에 나의 열정과 노력을 보탤 수 있어서 즐거웠고, 사람답게 살아가는 사회로 만들어가는 주체도 사람임을 깨달았다.

지금은 거리모금가로 활동하지는 않지만, 조금이라도 내 것을 나누는 훈련을 하고 있다. 작년 2018년부터 '컴패션'이라는 후원단체에 적은 금액을 기부하고 있는데, 태어나자마자 죽어가는 생명을 살리기 위한 캠페인에 선한 마음을 조금이나마 보태는 중이다.

하나님이 재물과 은사를 주신 목적은 나만 잘 먹고 잘 살라고 주시는 것이 아니라고 생각한다. 그분은 우리가 자신의 형편에 맞게 십시일반으로 어려운 이웃에게 필요한 것을 나눠주시길 바라신다. 그것을 통해서 예수님의 사랑이 전해지고, 하나님 나라를 소망하는 사람이 더 많아지길 주님께서 원하시지 않겠는가? 어쨌든 평생 살면서 재물이 주어지는 한, 내 소유의 일부를 나누는 삶을 실천하면서 살려고 한다. 나누는 기쁨을 맛보며 조금 더 나은 세상을 살아가는 착한 크리스천으로 살아가고 싶다.

"만일 형제나 자매가 헐벗고 일용할 양식이 없는데 너희 중에 누구든지 그에게 이르되 평안히 가라, 덥게 하라, 배부르게 하라 하며 그 몸에 쓸 것을 주지 아니하면 무슨 유익이 있으리요 이와 같이 행함이 없는 믿음은 그 자체가 죽은 것이라. (야고보서 2:15~17)"

05

누가 뭐래도 사람은

　　어느 일요일 오전이었다. 매주 교회에서 운행하는 차를 타고 엄마를 비롯하여 나이 드신 여자 집사님들과 함께 예배를 드리러 간다. 봄날의 햇볕을 따사로이 느끼면서 봄의 자취를 감상하고 있었다. 그러다 보니 어느덧 방향이 교회로 가는 8차선 도로에 진입하게 되었고, 큰 사거리에서 유턴하기 위해 신호를 받게 되었다. 조수석에 앉아있던 나는 정면을 바라보고 있었는데, 뒷좌석에서 장 집사님께서 말씀하셨다.

"어머. 저기 봐요. 목련꽃이 예쁘게 피었네."

　　오른쪽을 돌아보니 H 케미컬 사택 들어가는 입구에 하얀 목련이 피

었다. 쳐다보고 있으니, 마치 흰 턱시도를 입은 신사가 입구를 맞이하
듯이 서 있는 것 같았다. 그것을 보신 강 집사님도 한 말씀 하셨다.

"세상에서 가장 아름다운 꽃이 사람 꽃이랍니더."

그 말에 차에 탄 모든 사람이 고개를 끄덕였다. 머리가 하얗고 지
팡이를 짚고 다니는 80세가 넘은 할머니 집사님이 하시는 말씀에 모
두가 공감했다. 하차할 때쯤 되니 정 집사님께서도 한 말씀 하셨다.

"나는 꽃 중에서 코스모스 좋드라."
"왜 코스모스가 좋으세요?"

왜 코스모스가 좋은지 궁금해서 정 집사님께 여쭈었다. 그랬더니
주신 대답은 이랬다.

"그냥 코스모스가 좋드라."

그런데 5초 정도 뜸을 들이신 후에 기운 없는 어조로 말씀하셨다.

"그래서 내가 외로운가 보다."

정 집사님은 우리 엄마와 친하게 지내는 동네 이웃이기도 하다. 우리 가족은 한동네에 함께 살면서 집사님의 말 못할 처지를 잘 이해하고 있었다. 딸들은 시집가고, 현재는 혼자 살고 있기에 그분의 말을 들으니 가슴이 약간 먹먹했다. 왜 외로우시냐고 자세히 여쭈어볼 수도 있었지만, 코스모스를 보니 외로운 생각이 드신 건 아닐까 하는 느낌이 들었기에 그저 입을 굳게 닫고 있었다.

그러는 동안 차는 유턴을 하고 교회 앞에 도착했다. 나는 집사님들이 무사히 하차하시도록 차 문을 열고, 중간 좌석을 접어드렸다. 먼저 내려서 한 분씩 내리시는 것을 도와드리는데, 마지막으로 정 집사님이 내리실 차례가 되었다. 문득 해드리고 싶은 한 마디가 생각났다. 외로워 보이고 고단함을 느끼시는 집사님을 위해 용기를 내어 말씀드렸다.

"집사님. 그래도 코스모스는 길가에서 지나가는 사람을 반겨주잖아요."

집사님은 그제야 고개를 끄덕이시면서 환한 미소를 지으며 말씀하셨다.
"아이고. 맞다. 영진이 말이 맞다. 어떻게 그런 생각을 했노."
"그냥 그런 생각이 들어서요."

철없는 아들 같은 청년의 말을 좋게 여겨주셔서 감사했다. 생각만 했던 말을 숨기지 않고 말씀드린 보람은 있었다. 기분 좋게 하차하신 집사님의 발걸음은 한층 가벼워 보였고, 나도 말로 사람을 격려할 수 있어서 기뻤다.

인생을 살다 보면 각자가 말 못 할 사연 하나쯤은 끌어안고 살아간다. 그런 사연을 3자의 입장에서 듣게 되면 사연자가 외롭고 쓸쓸하다는 사실을 금세 알아차리게 된다. 또한, 나보다 한참 연배가 있으신 분의 이야기를 들어보면 애잔하고 손을 잡아드리고 싶은 마음마저 들기도 한다.

2012년 가을, 국문학과 복수전공으로 마지막 학기를 보내고 있을 때, 김구한 교수님께서 지도해주신 '구비문학의 이해'라는 수업을 듣게 되었다. 수업 조별 과제로 울산지역 내에 경로당을 돌아다니며, 입으로 전해지는 옛이야기와 노래를 조사하고 다녔다.

하루는 울주군 XX면에 소재한 경로당을 방문하게 되었는데, 찾아가 보니 2차선 도로변에 위치한 작은 경로당이었다. 학우들과 함께 노크하고 조심스럽게 문을 열었다. 내부를 살펴보니 대여섯 분 정도의 할머님들이 베개를 베고 누워서 담소를 나누고 계셨다. 우리는 정중하게 인사를 드렸다.

"안녕하세요. 할머님."

"아이고. 안녕하이소. 젊은 사람들이 무신 일로 여기 찾아왔십니까?"

"아. 저희는 울산대학교 국어국문학과 학생들인데요, 울산지역에 할아버지, 할머님들 찾아뵈면서 옛이야기나 노래를 듣고 싶어서 이렇게 방문하게 되었습니다. 괜찮으시다면 잠시 안으로 들어가도 될까요?"

"그라믄요. 학생들 이리로 들어 오이소."

나를 포함한 우리 5명은 하나둘씩 쪼르르 경로당 안으로 들어갔다. 그리고는 준비한 떡과 식혜를 어르신들 앞에 내놓으며 한 분씩 챙겨드렸다. 다들 간식을 보시더니 입가에 미소를 지으시며 말씀하셨다.

"학생들. 뭔 이런 걸 해왔십니까?"

"괜찮아요. 할머님들 드시라고 가져왔으니 맛있게 드세요."

"아유 고마워라. 잘 먹겠심더."

간식을 맛있게 다 드셔 갈 때쯤 우리는 부탁을 드렸다. 아시는 옛이야기나 노래가 있으면 들려달라고 말이다. 처음에는 어르신들이 부끄러워하시는 것 같아, 남학생인 내가 용기를 내었다. 어르신들을 위해서 트로트 한 곡을 불러드렸다. 내가 먼저 한 곡 불러드리면 답가로 입으로 전해져 내려오는 노래를 들려줄 거로 생각했기 때문이다. 불러드린 노래는 가수 박상철 씨의 '무조건'이었다.

"태평양을 건너 인도양을 건너 대서양을 건너서라도 할머님들 부르면 달려갈 거야. 무조건 무조건이야. 짜짜라 짜라짜라 짠짠짠!"
"아이고. 젊은 총각이 노래도 잘하네. 하하하."
"제가 이렇게 노래 불러 드렸으니까 답가로 옛날 노래 한번 들려주세요."

신이 난 어르신들은 그중에서 노래를 잘하시는 어르신을 지목하셨다. 그분은 처음에는 쑥스러워했지만, 곧 목청을 가다듬으며 지역에서 전승되는 구전 노래를 들려주었다. 우리는 놓치지 않고, 각자 휴대폰을 꺼내서 녹음하기 시작했다. 그렇게 두 세곡 정도를 불러주었는데, 구슬픈 가락을 들으니 아련한 마음이 들었다. 노래가 끝나고 나서 어르신들은 약속이라도 한 듯 각자 자신이 살아온 인생, 자식과 손주에 관한 이야기를 했다. 우리는 싫은 내색 없이 그분들의 말씀을 경청하며 적절한 맞장구를 쳤다.
"할머님들. 오늘 이렇게 옛이야기와 노래 들려주셔서 감사했습니다. 저희에게 해주신 말씀 잘 새기면서 살겠습니다."
"우리도 오늘 손주 같은 학생들이 와줘서 고마웠심더. 학생들 어디

가서도 좋은 곳에 취업하고 무슨 일이든지 만사가 잘 되길 바랍니다."

우리는 그날 과제 때문에 찾아가긴 했지만, 할머님들은 우리에게 가슴 뭉클한 하루를 선물하셨다. 우리가 뵈었던 할머님들은 파란만장한 삶을 살아오셨다. 가난했던 시절, 남편을 일찍 여의고 자식을 홀로 키우신 할머님도 계셨고, 10대 어린 나이에 시집와서 고된 시집살이로 저고리를 적셔가며 버티셨던 할머님도 계셨다. 자식들이 모두 시집, 장가가서 외국에서 생활하고 있어 쓸쓸하게 노후를 보내신다는 할머님의 사연을 들을 땐 우리가 위로의 말씀을 드려야 할 것 같았다. 그러나 할머님들은 오히려 젊은 우리들을 격려하며 잘될 거라고 용기를 주셨다. 그 덕분에 우리는 힘내서 과제를 마무리하게 되었다.

할머님들이야말로 노래 가사처럼 지독한 외로움에 쩔쩔매본 인생을 겪어 오신 분들이다. 아픔과 외로움의 경험이 있어서 그런지 다른 사람을 위로할 수 있는 넉넉함이 있으셨다. 나는 이것을 연륜과 경험에서 우러나오는 아름다움이라고 생각한다. 눈에는 보이지 않지만, 따뜻함이 느껴지고 마음에 스며든다. 이제야 흔히 불러왔던 '사람이 꽃보다 아름답다.' 라는 가사의 내용이 비로소 이해되기 시작했다.

때로는 모든 사람이 꽃처럼 아름답게만 보이지는 않는다. 뉴스에서 끊임없이 자극적으로 기사화되는 살인사건과 사기 범죄는 사람에 대한 경계심을 심어준다. 음주운전 피해사례, 부정한 방법으로 행한 탈세 같은 기사를 접하면서 인간의 마음 깊은 곳에는 '선한 일을 할 만한 능력이 과연 있을까?' 라는 의문이 든다.

그렇다고 '사람이 꽃보다 아름답다' 라는 말을 부정하기에는 어렵다. 왜냐하면 예수님께서 목숨을 내어주시며 우리를 살리셨기 때문이다. 신께서 대신 목숨 값을 치르고, 새로운 삶을 얻게 된 인간은 당연히 고귀한 존재가 될 수밖에 없다. 그래서 사람이 꽃보다 아름다운 것은 아닐까?

이러한 생각을 전혀 공감할 수 없는 사람도 있을 수 있다. 그러나 누구라도 정 집사님처럼 인생이라는 고단한 길을 함께 걸어가는 사람을 반겨주는 코스모스가 되어줄 수 있다. 그러니 당신은 이 세상에서, 누군가에게는 없어선 안 되는 소중한 존재다. 누가 뭐래도 인생의 고난과 외로움도 예수님과 함께 이겨내고 있는 사람이 바로 자신이라는 사실을 잊지 않았으면 좋겠다.

"나를 보내신 이의 뜻은 내게 주신 자 중에 내가 하나도 잃어버리지 아니하고 마지막 날에 다시 살리는 이것이니라. (요한복음 6:39)"

06

말만 잘하면 문제없어

　　대학교 2학년 때, IVF 선교단체에 '장유미'라는 여자 동기가 있었다. 갸름한 얼굴에 하얀 피부, 160cm 조금 안 되는 아담한 키에 쌍꺼풀이 있는 큰 눈을 가지고 있어 애니메이션 '개구리 소년'의 주인공인 왕눈이 여자 친구 아로미가 생각나게 하는 모습이었다. 늘 밝은 미소와 친절했던 자매라 모든 사람이 좋아해서 나도 친하게 지내고 싶었다.

　　어느 날이었다. 도서관에서 나오는 유미의 기분이 좋아 보이지 않았다. 그런데 마침 옆에서 같은 선교단체 선배인 혜선 누나가 있었다. 검은 뿔테 안경을 쓰고 있던 누나는 무슨 좋은 일이 있었는지 표정이 아주 밝았다. 대조되는 표정의 두 사람. 무슨 일인지 모르지만, 유미가 조금 기분을 풀고 웃었으면 하는 마음이 들었다. 보통 이런 모습을 보면 '왜 무슨 일 있어?', '기운 내.' 라는 말들을 하지만, 나는 조금 특별하게 위로해주고픈 마음이 들었다. 그래서 두 사람을 번갈아 보면서 농담 섞인 말 한마디를 던졌다.

"누나 오늘 좋은 일 있나 봐요? 이쪽은 밝고 이쪽은 어둡고. 하하."

유미의 기분이 풀어질 줄 알았는데 표정이 더 어두워져 가는 듯했다. 혜선 누나도 약간 당황한 표정을 지었다.

'아니. 농담해서 기분이 풀릴 줄 알았는데....... 오히려 기분이 안 좋아졌나?'

나는 뒤통수를 긁으면서, 그만 도서관으로 휙 들어가 버렸다.
하루가 지난 다음 날인 화요일이었다. 그날은 동아리 큰 모임이 있는 날이었다. 모임이 끝나고 나서 집으로 가는데 유미가 나를 잠시 불러내었다. '무슨 일일까?' 하고 궁금했는데 어제 있었던 일에 관한 이야기였다.

"너 어제 내가 혜선 언니하고 있었을 때 이쪽은 밝고 이쪽은 어둡다고 했잖아. 나 기분 안 좋은 일이 있었는데 네가 그렇게 말해서 기분이 더 안 좋았어."

　그 얘기를 들으니 머리를 한 대 퍽하고 맞은 기분이었다. 친구로서 기분을 풀어주려 하다가 했던 말이 그 친구의 기분을 온종일 망치게 했다고 생각하니 쥐구멍이라도 찾아 숨고 싶었다. 잘못을 인정하고 그 자리에서 사과했다. 네 상황을 잘 알지도 못하는데 함부로 말해서 미안하다고.

　한편으로는 시간이 지나고 돌아보니 유미가 솔직하게 말해줘서 고마웠다. 만약 말해주지 않았다면 내가 말로 상처 준 걸 몰랐을 것이고, 말로 배려하지 않고 다른 이들을 계속해서 상처 입히게 되었을지도 모른다. 그 일이 있고 난 후부터는 상대방을 살피면서 한 번 더 생각해보고 말을 해야겠다고 다짐했다. 그러나 마음먹은 대로 잘 되지 않았고, 그런 결점으로 인해 훗날에 큰 사건을 겪게 되었다.

　군 복무를 하던 시절에 '조호섭'이라는 선임이 있었다. 그는 우리 전경 내무반에서 최고선임이었는데, 나하고는 8개월 정도 차이가 났다. 두껍고 진한 눈썹을 하고, 키는 180cm에 가까웠으며, 호리호리한 체격을 한 그의 고향은 대구였다. 내가 자대를 배치 받고 2달이 안 되어서 그는 우리 내무반에서 최고선임이 되었다.

　그 당시 신입 대원이었던 나와 민재, 진열이는 3가지 말만 선임에게 하도록 규제를 당했다. '알겠습니다.', '아닙니다.', '~해도 되는

지 알고 싶습니다.'가 전부였다. 그러다가 첫 외박을 다녀오니 문장의 끝을 '~말입니다.'로 마무리하는 것도 허용되었다.

그러던 어느 날, 식당에서 점심을 먹고 난 후, 그가 내게 툭 던지듯이 말했다.

"고영진(그 당시 군대에서 불렸던 별명). 내가 바나나우유가 먹고 싶은데."

점심을 먹고 난 후였다. 유리로 된 직사각형의 냉장고에 들어 있는 바나나 맛 우유를 한번 쳐다보고 내게 한 말이었다. 그때 우리는 식당 겸 매점에서 외상을 달고 간식을 사 먹을 수 있었는데, 나중에 월말에 정산하는 방식으로 매점이 운영되었다. 막내였던 나도 첫 외박을 다녀왔기 때문에 규제가 풀려서 장부에 외상을 달 수 있었는데 최고선임이 그걸 알고 말했다.

그런데 그때 눈치가 눈곱만큼도 없었던 시절을 보내고 있었던 터라 말이 필터를 거치지 않고 막 나갔다. 그냥 '네. 알겠습니다.'하고 장부에 달고 주면 문제가 없는데, 스스로 정답이라 생각하고 내뱉은 말 한마디는 내무반에 큰 파장을 불러일으키게 되었다. 나는 최대한 친절하고도 조심스러운 어조로 말씀드렸다.

"그러면 조호섭 일경님께서 장부에 적으시고 꺼내 드시지 말입니다."

　원래는 '꺼내 드시면 좋겠습니다.' 라고 더 친절하게 말하고 싶었지만, 그 당시 항상 말끝은 '말입니다.' 로 끝을 맺어야 하는 규제 때문에 이처럼 건방지게 들리는 대답을 할 수밖에 없었다. 나름 상대방을 위한 배려라고 생각하고 한 말이었는데, 조호섭 일경은 그렇게 생각하지 않았던 모양이다. 정색하면서 바로 그 자리에서 역정을 내는데, 당시에는 그가 왜 화가 났는지 이유도 모른 채 선임이 화를 내니 해명할 수도 없이 그냥 '아닙니다.' 라고 할 수밖에 없었다. 그땐 '죄송하다.' 라고 말도 못하는 처지가 참 답답했다. 이미 열이 끝까지 받은 그는 혼자 매점을 나가버렸다. 나는 동기인 민재, 진열이와 바로 내무실로 불려가게 되었다.

　내무실로 가서 나란히 앉은 우리 3명은 맞은편에 앉아있는 선임들에게 쓴 소리를 들어야 했다. 두 번째 왕고참인 최용석 일경부터 시작해서 차례대로 우리를 갈구기 시작했다. 그렇게 갈굼을 당해보니 심장이 쪼그라드는 거 같았고, 추운 겨울에도 엉덩이에 삐질삐질 땀이 났었다.

　그렇게 끝났나 싶었는데 빨래하러 가는 우리를 근접 기수 이종진 선임이 따로 불러냈다. 경찰서 지하실에 먼저 도착한 우리는 이종진 선임을 기다렸다. 잠시 후 화장실을 다녀온 이종진 선임이 도착했고, 2차 갈굼이 곧바로 시작되었다.

"야. 이영진."

"이경. 이영진."

"조호섭 일경님이 너 친구냐?"

"아닙니다."

"그런데 XX 그딴 식으로 말해?"

"아닙니다."

"여기는 네 집도 아니고 사회도 아니야. 여기는 군대고 네 신분은 군인이다. 그러니까 군인답게 말하고 행동해. 알겠냐?"

"알겠습니다."

그렇게 고난이 시간이 끝이 나고 홀로 정문 근무를 하러 갔다. 경찰서 정문 지킴이가 혼자 서 있을 만한 작은 공간에 서서 한참 동안 멍하게 밖을 바라봤다. 내가 대체 무엇을 그렇게 잘못했는지 곰곰이 생각해봐도 좀처럼 좀 전 상황이 전혀 이해되지 않았다. 게다가 군대의 특수성이 겹쳐서 어떤 변명도 할 수 없었기에 더욱더 그랬다. 또한, 그런 일을 겪고 나니 앞으로 남은 군 생활이 꼬이는 거 같아 쉽지 않게 느껴졌다. 동기 민재, 진열에게도 피해를 주는 것 같아 괜히 칼을 차고 있는 죄인 같은 느낌이었다. 먹구름이 시커멓게 끼였고 햇빛은 자취를 감추었다. 곧, 비가 주룩주룩 내리기 시작했고, 입술은 꾹 닫은 채 눈물 흐르지 않게 눈동자에 힘을 잔뜩 주었다. 이런 일로 눈물을 보이고 싶지 않아서 스스로 괜찮다며 다독였다. 고개를 들어 맞은편을 조용히 응시했다. 그날은 왠지 횟집 간판이 선명하게 보이지 않고 흐리게만 보였다. 좀처럼 빨리 가지 않는 국방부 시계지만 그날따라 왜 이리도 느리게 흘러가는지.

그 후로는 정말 말조심을 해야겠다고 생각했다. 말실수할 것 같으면 침묵을 선택했다. 그만큼 말에는 책임감이 따르기 때문이었다. 오히려 말을 훈련하지 않으면 좋은 일은 커녕 나쁜 일만 따른다. 왜냐하면 정제되지 않은 말은 실수와 허세를 낳을 수도 있으며, 상대방의 오해를 불러일으키기도 하기 때문이다.

때로는 말 한마디가 사람을 해하기도 하고, 심지어 사람을 죽이기까지 할 수 있다. 그러나 지혜 있는 말 한마디가 죽어가는 한 사람을 세워주고 살릴 수 있다. 그래서 말 한마디 센스 있게 잘하는 사람이 부럽다.

적절한 상황에 예쁘게 말 잘하는 사람이 되고 싶다. 불평과 불만으로 주위에 얼굴을 찡그리게 하기보다 칭찬과 용기 있는 말로 미소 짓게 하는 크리스천으로 살아가며, 모호한 표현으로 오해를 사기보다 명료하고 정리된 언어로 사람을 찬찬히 설득하는 사람이 되길 꿈꾼다. 헛된 맹세나 결단으로 자신을 높이기보다 자신을 포장하지 않고, 진실하게 말로 사람을 위로하는 성숙한 성도가 되고 싶다.

"혀는 능히 길들일 사람이 없나니 쉬지 아니하는 악이요 죽이는 독이 가득한 것이라. 이것으로 우리가 주 아버지를 찬송하고 또 이 것으로 하나님의 형상대로 지음을 받은 사람을 저주하나니 한 입으로 찬송과 저주가 나는도다 내 형제들아 이것이 마땅치 아니하니라. (야고보서 3:8~10)"

07

솔직해서 나쁠 거 있나요?

———

고향을 떠나 수도권에서 살던 때였다. 경기도 소재의 한 중소기업을 다녔는데 업무상 외근이 잦아 항상 차를 타고 다녔다. 주로 포터를 타고 다녔는데 회사 상사분이 포터를 운전하고 관리했다. 그분의 직책은 공장장이었고, 현장 관리 총 책임자였다. 나는 그분을 부를 때 '장장님'이라고 불렀다.

아무튼 그 당시 나는 차가 없는데다가 운전 경험도 거의 없었다. 매일 장장님께서 출퇴근할 때 회사 명의로 된 포터를 함께 탔다. 출퇴근할 때뿐만이 아니라 밥 먹으러 갈 때나 자재 사러 갈 때도 차를 이용했으며, 제품이 나간 현장을 관리하러 갈 때도 필요했다.

언젠가는 혼자 차를 타고 현장으로 가야 했다. 그래서 근무 외에 짬을 내어 틈틈이 포터로 운전 연수를 했다. 감사하게도 사장님도 내가 운전 연습할 수 있도록 허락했고, 장장님도 운전 팁을 몇 가지 가르쳐주곤 했다. 전진, 후진, 좌회전, 우회전하면서 브레이크와 기어의 감을 익혔다. 면허취득 이후 오랜만에 다뤄보는 수동운전이었다. 연수 시작한 지 며칠 후부터는 근처로 차를 몰고 나가기 시작했다. 장장님께서 알려 주신 대로 기어 넣는 방법을 머릿속에 숙지하면서 운전하니까 잘 되었다.

도로연수를 처음 할 때는 근처의 마트를 다녀왔다. 다른 차에 부딪히지 않으면서, 주차선에 맞춰 주차도 해보았다. 마트에서 먹을 것을 사 온다는 구실로 연수를 했다. 또 어떤 날은 마트에서 가까운 3차선 도로에서 신호를 받아 유턴을 시도하기도 했다. 또한, 가보지 않았던 근처 골목길도 겁 없이 운전하곤 했다. 그렇게 운전에 대해 서서히 자신감을 키웠으나, 운전에 대한 두려움이 생기게 된 사건을 곧 맞게 되었다.

제품이 현장으로 나갈 일이 없던 어느 날이었다. 평소와 마찬가지로 점심을 먹고 난 후였는데, 쉬는 시간에 도로 연수를 해야겠다고 생각이 들어 장장님께 말했다.

"장장님. 저 도로 연수할 겸 마트 나갔다 오겠습니다."

"그래. 너무 멀리 가지는 말고."

"뭐 필요한 거는 없으세요? 제가 사 오겠습니다."

"아냐. 필요한 건 없어."

"그러면 제가 장장님 좋아하시는 홍시 사 오겠습니다."

"그래. 영진이 너 알아서 해라."

허락을 받아낸 나는 오늘은 좀 더 멀리 나가보기로 했다. 물류창고에서 포터를 몰고 내려와서 항상 들리던 식당을 지나서 가보지 않은 길로 갔다. 시골길이라서 차가 많지는 않았지만 도로가 1차선이어서 주의를 기울이면서 전진하기 시작했다. 좀 더 가니 공장이 하나 나왔다. 이렇게 멀리까지 운전해서 나오니 괜스레 우쭐해졌다. 거기서 멈추지 않고 계속 가다 보니 뒤따라오는 차나 마주 오는 차는 없었다. '이제 이만하면 되었다.' 싶어 유턴하고 싶었으나 마땅한 장소가 나오지 않았다. 점점 불안한 마음으로 전진하다가 골목길로 빠졌는데, 차를 돌릴만한 장소가 있어서 그곳에서 조심스럽게 차를 돌렸다. 다시 왔던 길로 되돌아가면 안도의 한숨을 쉬었다.

"휴. 다행이다. 역시 운전 별거 아니구먼."

그렇게 금방 다시 우쭐해진 나는 되돌아가면서 좀 전에 지나왔던 공장을 보게 되었다. 공장 정문 옆 연두색 담장이 쳐 있는 곳에 보니 주차할만한 작은 공간이 있었다. 마침 따라오는 차도 없어서 그곳에서 잠시 쉬어가려고 했다. 맞은편 차가 안 오는 것을 확인하고 정면 주차를 했다. 안전벨트를 풀고 차에서 내려 바깥 공기를 마시면서 여유를 가졌다. 그리고 나니 운전에 더욱 자신감이 생겨났고, 도전정신은 하늘을 찌르게 되었다. 연수를 좀 더 하려고 갔던 길을 다시 가기로 마음먹고, 차를 반대 방향으로 주차하려고 시도하게 되었다.

포터를 우측으로 틀어 2차선 도로에서 차가 세로로 정차된 상태였다. 그때, 좌측에서 큰 덤프트럭이 다가오는 것이 보였다. 통행에 지장을 주면 안 되겠다는 생각에 그만 마음이 조급해지기 시작했다. 후진기어를 넣고 급하게 액셀을 밟으니 '윙' 소리를 내었고, 뒤도 제대로 확인하지 않고 급발진하게 되었다. 뒤로 훅하고 후진하던 포터. 갑자기 쿵 하는 소리가 들렸고, 내 몸은 충격으로 앞으로 쏠렸다. 안전벨트를 해서 망정이지 안 했으면 허리를 다칠 뻔했다. 아무튼, 급하게 전진기어를 넣고 차를 앞으로 빼서 주차했고, 하차하자마자 차의 뒤 범퍼 상태를 확인했다. 다행히도 차는 찌그러지지 않았고, 안도의 한숨을 쉬었다. 그러나 심상치 않은 기운을 느꼈고, 뒤돌아보니 차 후미를 넘어 공장 철제 담장 기둥이 움푹 들어간 것이 보이는 것이 아닌가.

"앗! 큰일 났구나. 이거 어떡하지?"

눈앞이 캄캄해지는 순간이었다. 어떡하면 이 위기를 모면할 수 있을까 생각했다. 덤프트럭이 지나간 후로는 본 사람이 없는 듯했다. 차도 없었다. 살펴보니 시골길이라 그런지 근처에 카메라도 보이지 않았다. 순간 내면에서 달콤하게 속삭이는 음성이 들렸다.

'괜찮아. 괜찮아. 지금 아무도 본 사람이 없어. 덤프트럭 기사는 이미 지나갔고 아마 네가 담장 받은 거 신경도 안 쓸걸. 누가 보기 전에 어서 여기를 벗어나. 여기 더 있다가는 담장 값 물어내라고 그럴걸. 그러니까 빨리 도망가라고!'

악마의 속삭임은 그럴듯하게 들렸다. 그 말을 듣고 재빨리 포터에 올라타 사고 현장을 벗어났다. 공장과의 거리는 점점 멀어져갔고, 쿵쾅거리는 심장을 애써 부여잡으며 아무 일도 없는 척해보려고 했다. 그렇게 매일 들리는 마트에 도착하게 되었고, 아무 일 없다는 듯이 홍시를 샀다. 그런데 도무지 불안한 마음을 감출 수가 없었다. 지금 이렇게 모른 척할 수 있지만, 나중에 공장 측에서 경찰에서 신고 조사하면 경찰서로 불려갈 수 있겠다는 생각이 들었다. 그냥 이대로 집에 간다면, 오늘 밤은 도저히 잠이 오지 않을 것만 같았다. 무엇보다도 가장 걸리는 것은 하나님께서 모든 것을 지켜보고 계신다고 것이었다. 그 생각을 하니까 더욱 양심이 찔렸다. 망설이다가 결국은 차를 돌렸고, 사고를 냈던 공장으로 발길을 돌렸다.

　담장 근처에 포터를 주차하고 공장 안으로 들어갔다. 사무동이 있는 곳으로 들어가니 어떤 아주머니가 있었다. 사무실이 어디냐고 물은 뒤, 안내를 받아서 회사 책임자를 만났다. 이미 엎질러진 물. 그냥 있는 그대로 말씀드리고 용서를 구해보기로 마음먹고 용기 내어 말했다.

　"저기... 여기 근처 작은 업체에서 일하는 회사 직원인데요. 제가 포터를 몰고 가다가 잠시 쉬려고 공장 옆에 주차하려고 했는데 실수로 그만 공장 담장을 받아버렸습니다. 정말 죄송합니다."

　"담장 어디를 받으셨는데요?"

　"저기 창문 너머로 보이시는 담장입니다."

　내 손가락이 가리키고 있는 창밖 너머의 파손된 담장을 보시더니 책임자분이 말씀하셨다.

　"이거 심하게 훼손되었네. 저기 보세요. 기둥까지 휘어졌잖아요."

　"네. 제가 봐도 그러네요. 정말 죄송하게 되었습니다."

　"혹시 모르니까 신분증 보여주시고 인적사항 기재해 놓으세요."

그렇게 말씀하시면서 A4용지와 펜을 건네셨다. 인적사항을 적는데, 드라마에서 본 것 같이 범죄자가 경찰서 강력계에 불려가서 자기 인적사항 적는 것 같은 느낌이었다. 다 적은 후에 신분증을 건네주니 복사해서 사본을 챙겼다. 공장을 빠져나오면서 연신 죄송하다는 말씀을 드렸다.

물류창고에 돌아온 나는 장장님에게 남의 공장 담장 받은 일은 말하지 않았다. 쓸데없이 일거리를 하나 만들어서 업무에 지장을 주어서는 안 되었기 때문에 조용히 내 선에서 처리해야 했다. 퇴근하고 고시원에 돌아와서도 계속 생각났다. 괜스레 담장 수리비를 청구한다면 얼마나 들까 생각하며 인터넷을 검색해보기도 했다. 불안해서 잠도 오지 않았다. 하나님께 기도를 드렸다.

"하나님. 오늘 제가 사고를 쳤습니다. CCTV도 없고 지켜보는 사람도 없어서 그냥 도망가려고 했습니다. 그런데 주님께서 지켜보시기에 저는 그럴 수 없었습니다. 왜냐하면, 주님께서는 저의 진실함을 원하시기 때문입니다. 그런데 막상 지금 제가 이런 사건을 겪으니 너무 떨리고 무섭습니다. 주님. 저를 불쌍히 여겨주세요. 사장님이나 장장님이 이 사실을 알면 정말 큰일이 납니다. 일을 크게 만들고 싶지 않습니다. 그저 아무 일 없는 듯 지나갈 수 있게 해주세요."

그날 밤 기도를 주님께서 정말 기도를 들어주셨는지 하루가 지나고 이틀이 지나도 그 업체에서 연락은 오지 않았다. 심지어 그 일 이후 몇 년이 지난 오늘까지도 한 통의 연락도 없었다. 하나님께서 내게 긍휼을 베풀어 주신 것 같다. 공장 책임자가 열심히 살려고 경기도로 올라온 청년의 실수를 눈감아준 것 같다. 하나님께서 공장 책임자에게 사람을 불쌍히 여기는 마음을 주신 것은 아닐까. 정말 감사한 일이 아닐 수 없다.

사람은 타인을 바라볼 때 겉모습만 보지만 하나님께서는 인간의 중심까지 다 보신다고 한다. 즉, 그 마음과 생각이 진실한지 거짓인지, 선한지 악한지를 보신다. 사람이라면 응당 자신의 편의를 위해서 거짓을 일삼을 수도, 악을 행할 수도 있다. 그러나 중심을 보시는 하나님, 거룩하시고 진실하신 주님께서 인간을 창조하시고 만물을 다스리는 분이시므로, 거짓과 악을 일삼는 자들은 반드시 그에 따른 대가를 치르게 하신다. 유일한 존재이신 하나님 앞에서 인간의 마음과 생각이 낱낱이 드러나기 때문에 죄악을 감추려고 해도 감출 수 없다.

그러면 우리가 가져야 할 자세는 분명하다. 바로 하나님 앞에서 진실하게, 사람 앞에서도 정직하게 나아가야 한다. 하나님께서는 진실하고 정직하게 살고자 하는 사람을 원하신다. 그러므로 나 또한 손해 볼 것을 알면서도 진실을 밝힐 수밖에 없었다. 그것이 하나님의 백성이라면 마땅히 해야 할 삶의 태도이기 때문이다.

누군가는 나처럼 진실함으로 손해 본 적이 있었을지도 모르겠다. 그런 유쾌하지 않은 경험으로 인해 진실함을 접고 잠시의 거짓으로 편의를 추구하는 사람이 더러 있을 수도 있다. 그렇지만 마음을 좀 더 열고 하나님께서 원하시는 중심으로 진실함과 정직으로 삶을 살아내는 사람이 많았으면 좋겠다. 비록 진실과 정직함으로 손해를 본다고 하더라도 중심을 보시는 주님을 기억했으면 한다. 정직함으로 삶을 살아내는 사람을 주님께서는 반드시 그를 귀하게 여기시며, 언젠가 모두에게 대접받는 높은 자리에 앉히실 것이다.

"여호와께서 사무엘에게 이르시되 그의 용모와 키를 보지 말라 내가 이미 그를 버렸노라 내가 보는 것은 사람과 같지 아니하니 사람은 외모를 보거니와 나 여호와는 중심을 보느니라 하시더라. (사무엘상 16:7)"

행복을 추구할 때

66

생명력 넘치는 아이와 함께 있으면
나도 모르게 아이로 잠시 돌아가
순수함을 누리게 된다.
에너지가 가득한 아이의 웃음소리가 끊이지 않고
늘 세상 가득히 행복이 넘쳐나면 좋겠다

99

01

내 마음 그리움 하나

"저번에도 봤는데 또 봐요?"

"야야. 채널 돌리다가 보니까 또 하더라. 그래서 본다."

      글 쓰다가 머리 식힐 겸 큰방에 가니 엄마는 미우새(미운우리새끼) 재방송을 시청하고 있었다. 마침 김정남 편이 방송되고 있는데, 재미있을 것 같아 얼른 소파에 앉아서 TV를 봤다. 신정동 모자의 TV 시청은 그렇게 시작되었다.

모델이자 배우인 김정남. 그는 부산에서 어린 시절 부모와 떨어져서 살았는데, 하숙을 했다. 하숙집 할머니는 어린 정남을 먹여주고 재워주면서 친아들 같이 돌봐주었는데, 어른이 된 정남이 할머니를 찾는 내용이었다.

정남은 고향 친구를 만나서 자신이 살던 동네 하숙집을 찾아갔는데, 할머니가 안 계셨다. 마침, 친하게 지냈던 이웃 할머니와 이모님을 만나게 돼서 오랜만에 옛이야기를 나누게 되었는데, 하숙집 할머니는 아프셔서 아들 집 근처 요양병원에 입원했다는 이야기를 듣게 된다. 정남은 친구와 함께 할머니가 입원해 계신다는 요양병원을 찾아 창원으로 간다. 면회를 신청하고 말없이 손으로 입가를 감싼 채 할머니를 기다리던 중 '딩동' 소리가 들린다. 이내 정남은 코를 두 번 만지더니 일어나 흐느끼면서 말한다.

"남이. 남이. 남이 기억나요?"
"아유, 세상에. 잘됐다며 그리......."
"남이. 할매가 그리 밥해주던......."
"알지. 정남이. 기억나지 정남이. 나도 정남이 보고 싶었어..."
"미안해요. 할매. 늦게 와서. 너무 늦게 왔다."

정남은 손바닥으로 눈물을 훔치며 말을 이어갔다.

"너무 늦게 왔어요. 미안합니다."

이 장면을 보는데 코끝이 찡해졌다. 미우새에 출연한 어머니들도 손수건으로 눈물을 훔치면서 본다. 그러면서 엄마에 대한 이야기를 시작한다. 연예인 박수홍 씨 어머니 지인숙 여사님이 했던 말이 기억난다. 어린 시절 친정엄마가 해주던 인절미가 생각나는데, 인절미를 해주실 때 그렇게 좋고 설레었던 추억이 있다고 했다. 다른 어머니들도 엄마에 대한 추억을 공유하며 눈물 흘리는 장면을 보니 예전의 기억 하나가 떠올랐다.

2007년 논산으로 입대하고 군에서 정해진 커리큘럼대로 6주의 훈련을 잘 받고 있었다. 가끔 밖에 사람들이 보고 싶을 때도 많았는데, 그럴 때마다 부모님께 편지를 쓰고, 친구들과 IVF 지체에게 글로 안부를 전하고는 했다. 그러나 직접 얼굴을 보고 목소리를 들으면서 대화하는 것이 무엇보다 그리웠다. 주변에 사람은 많았지만, 늘 홀로 바다 한가운데 떠 있는 부표 같은 처지였다.

그러던 어느 날, 오후 영내 교육이 끝난 후, 내무반 담당 조교가 각 훈련병에게 전화할 수 있는 시간을 주었다. 지금은 군에 휴대폰이 있어 가족이나 친구에게 전화하도록 배려해주지만, 내가 입소할 당시에는 훈련병에게 공중전화로 한번 통화하게 해주는 것이 전부였다. 통화하기 위해 서 있는 줄이 상당히 길게 늘어져 있었다. 그렇게 30분 넘게 기다리니 드디어 내 차례가 왔다. 통화를 한 번밖에 할 수 없기에 신중해야 했다. 처음으로 엄마에게 전화를 걸었으나, 바쁜지 통화가 되지 않았다. 하는 수 없이 이번에는 회사에서 일하고 계시

는 아버지에게 전화를 걸었다. 세 번 정도 전화벨이 울리는 동안 입
술이 마르고 침만 꼴깍 삼키게 되었다. 그러다가 바로 딸깍 소리가
들리며, 아버지의 차분한 음성이 들려왔다.

"여보세요."
"아버지. 저요. 영진이요."
"어어. 영진이가? 잘 지내고 있나?"
"네. 잘 지내고 있어요."

오랜만에 아버지의 목소리를 들으니 목이 메고 눈물이 고였다. 겨
우 울음을 참는 내 목소리를 들으신 아버지는 힘내서 씩씩하게 훈련
잘 받고 오라고 말했다. 나는 '네' 라는 답 말고는 다른 말은 더 이상
하지 못했다. 뒤에 다른 사람도 그리운 이들과의 통화를 기다리고
있었기 때문에 오래 통화하지 못하고 수화기를 내려놓게 되었다. 어
쨌든 아버지 목소리라도 듣게 되어서 좋았다. 가족을 보고 싶은 생
각이 간절해졌다. 심지어 아버지도 젊은 시절에 이렇게 외롭고 힘든
군대 생활을 견뎌 오신 것을 생각하니 존경하는 마음이 생겼다.
　그 후, 충주 중앙경찰학교에서 가게 되었고, 후반기 교육을 받게
되었다. 그곳에서는 교육생에게 가족, 친구를 면회할 수 있도록 배
려해주었다. 부모님에게 면회 초청장을 동봉하면서 문득 이런 생각

이 들었다.

'주말에 충주라는 이 먼 곳까지 부모님이 오실 수 있을까? 우리 할매도 누워계시는데.'

큰 기대를 하지 않았지만 초청장을 받은 부모님은 충주까지 와주셨다. 아버지는 큰맘 먹고 차를 타고 초행길인 충주를 마다하지 않았다. 면회가 허락된 날에 부모님을 뵙게 되었는데 집을 떠난 지 거의 두 달 만이었다. 환한 미소로 두 분은 내게 말했다.

"진아. 잘 지냈니?"
"네. 잘 지냈어요. 이게 얼마 만이에요!"

악수하고 포옹도 하고, 잔디밭에 앉아 엄마의 정성 가득한 도시락을 먹으면서 쌓인 이야기를 나누었다. 그렇게 몇 시간 지나 면회 시간이 종료되었다. 부모님은 남은 간식을 챙겨주며 전우와 나눠 먹으라고 하셨다. 부모님께 작별 인사를 하며 손을 흔들었다.

"아들. 이제 들어갑니다. 몸 건강히 잘 지내세요. 휴가 때 봅시다."
"그래. 진아. 아프지 말고 몸 건강히 잘......"

엄마는 말을 잇지 못하고 그만 눈물을 보이셨다. 아버지는 엄마 등을 토닥거려 주셨다. 작별의 인사를 나누고 생활관으로 향했다. 아버지, 엄마가 보이지 않게 되자, 그제야 꾹 참았던 눈물이 흐르기 시작했다. 20년 넘게 나를 낳고 키워준 우리 엄마의 눈물. 시간이 많이 흐른 지금도 평생 그 모습을 잊을 수가 없다.

하나님께서는 내게 그리움의 감정을 깨우치게 하시려고 군대로 보내신 것 같다. 하나님 아버지 당신께서 잃어버린 한 영혼을 애타게 그리워하신 것처럼 말이다. 또한, 창세기에 등장하는 요셉이 수십 년 만에 아버지, 형을 그리워하며 이집트 노예 생활을 했던 것처럼, 그리움은 하나님께서 인간이 인간답게 살도록 주신 필요한 감정의 재료라는 생각이 든다. 그 시절, 가족에 대한 사랑이나 친구 및 교회 지체와의 우정이 그리워서 공동체로 돌아가고 싶은 마음이 간절했다. 지금도 그때 간절했던 마음처럼 천국을 갈망하고, 본향을 그리워하는 마음도 간절했으면 좋겠다. 내 마음의 그리움 한 조각은 나를 더욱 인간답게 해주었고, 삶이 소중하다는 걸 깨닫게 해준 하나님의 멋진 마음의 선물이 되었다.

"그들이 나온 바 본향을 생각하였더라면 돌아갈 기회가 있었으려니와 그들이 이제는 더 나은 본향을 사모하니 곧 하늘에 있는 것이라 이러므로 하나님이 그들의 하나님이라 일컬음 받으심을 부끄러워하지 아니하시고 그들을 위하여 한 성을 예비하셨느니라. (히브리서 11:16)"

02

어떻게 살아야 하는가?

한여름의 더위가 기승을 부릴 때였다. 오후 6시 퇴근 시간이 임박해서 퇴근을 준비하고 있는데, 박 과장님이 퇴근하려는 내게 말했다.

"영진 씨. 내일은 우리 외항으로 검사 나갈 건데, 통선을 타고 가야 해서 일찍 출발해야 해요."
"네. 알겠습니다. 그러면 몇 시까지 출근하면 될까요?"
"통선 출발 시각이 7시니까 6시 30분까지 사무실로 오시면 돼요."
"네. 과장님. 내일 뵙겠습니다."

2013년 5월, 대학을 마치고 일자리를 구하는 중, 대학교 취업 진로 담당선생님의 추천으로 국제식물검역인증원이라는 기관에서 기간제 근로자 일을 하게 되었다. 내가 맡은 업무는 AGM 예찰 및 방제하는 일을 지원하는 것이었다. 그 당시에도 대학 졸업자가 취업할 수 있는 곳은 많지 않았다. 취업문이 좁은 건 사실이었지만 꼭 대기업만을 고집하지 않는다면 자리는 많았다. 아무튼 나는 일할 수 있는 것이 어디냐며 성실히 근무했다. 또한, 시간 외 수당도 어느 정도 인정해주니 나쁘지 않았다.

AGM은 Asian Gypsy Moth의 약자로 아시아매미나방을 일컫는 말이다. 동아시아에 주로 서식하는 이 곤충은, 북미로 가는 선박에 유입되어 미국, 캐나다로 건너가 서식하게 된다. 그렇게 그곳에서 유충이 번식하게 되면, 산림이 심각하게 훼손된다. 북미식물보호기구(NAPPO: North America Plant Protection Organization)는 AGM을 유해곤충으로 지정하였고, 모든 선박은 식물 검사를 받고 인증서가 있어야 항구에 배를 정박할 수 있다. 만약 이것을 어기면 그에 대한 막대한 벌금을 물게 되고, 함께 오랜 기간 동안 외항에 묶여 재검사를 받게 된다. 정박한 기간이 긴 만큼 비용도 어마어마하게 들어가니 여간 손해가 아닐 수 없다. 그래서 선주 측은 동아시아(한국, 중국, 일본) 항구로 경유하게 되면 반드시 인증서를 받아야 한다.

어쨌든 토요일 근무이긴 했지만, 생전 처음 통선을 타고 나가 외항에 정박해 있는 선박에 올라갈 생각을 하니 신이 났다. 겨우 밤에 잠을 청하고 난 다음날, 아침 일찍 일어나 사무실로 향했다. 상쾌하게 한 15분 정도 가볍게 걸어서 도착하니, 이미 서 팀장님과 박 과장님이 사무실에서 나갈 준비를 마친 상태였다. 그렇게 3명의 정예 멤버는 사무실을 나섰고, 차를 타고 20분 만에 장생포항에 도착했다. 차에서 내리니 많은 통선이 줄을 지어 항구에 정박해 있었고, 우리가 타고 갈 통선은 이미 시동이 걸려 시커먼 매연을 내뿜고 있었다.

"이제 출발합니다. 어서들 타세요."

선장의 말을 들은 우리는 빨간 구명조끼를 착용하고 통선에 올라탔다. 출발신호가 울리고 곧 배가 출발했다. 파도를 가르며 외항을 향해 가는데 20분쯤 지났을까. 속이 울렁거리기 시작했다. 파도가 넘실거리는 바다 한가운데서 배가 통통거리며 춤을 추는데 속이 메스꺼웠다. 그래서 이 작은 배를 통선으로 부르는 건 아닐까 싶었다. 또한, 날씨도 흐리고, 앞은 안개가 껴서 전혀 보이지 않았다. 뭍이 그리워지는 순간이었다.

꾹 참고, 십여 분을 가니 외항에 정박해 있는 여러 큰 배들이 보이기 시작했다. 그중에 한 선박 근처에 통선을 가까이 붙였고, 외국 선원은 우리가 올라갈 수 있게 나무로 된 줄사다리를 내려주었다. 사다리 한 줄에 내 목숨이 달렸다. 사다리에 오르다가 떨어져서 크게 다치거나 죽는 사람도 있다는 이야기를 듣고는 있는 힘껏 팔에 힘을 주고 배 위로 기어 올라갔다. 배 위에서 보니 안개가 더욱 짙어 보였다. 나는 갑판 위에서 느껴지는 신비한 광경에 넋을 잃고 말았다. 육지를 찾아볼 수 없는 망망대해의 신비한 경험은 지금도 추억 주머니 속에 고이 간직하고 있다.

인증원에서 근무하면서 바다를 좋아하게 되었다. 넓은 바다를 보며 느낀 경이로움, 낚시하는 재미, 그리고 생태계를 지키며 그들과 더불어 살아가는 소중함을 깨닫게 해주었다. 바다는 풍부한 해양자원을 담는 저장소이기도 하지만, 그 자체로도 인간에게 메시지를 던져주는 훌륭한 영감의 보물창고 같은 곳이기도 하다. 헤밍웨이의 '노인과 바다' 같은 명작에도 소재로 등장할 만큼 바다는 인간의 삶과는 뗄 래야 뗄 수 없는 밀접한 곳이기도 하다.

그 후, 5년간 이곳저곳 여러 직장을 옮기며 일을 하며 사회 경험을 해보았다. 경기도 안양에서 IT업체 총무사무원으로, 거리모금대행 업체 직원으로, 카드 모집인과 이동식 화장실임대업체 직원 그리고 아파트 관리기사로 일하기도 했다. 시간은 덧없이 흘러가는데 제대로 이룬 것 하나 없는 내 인생이 비참했다. 취업과 사랑에 실패한 이후, 재취업하기 위해 기술을 배우고 자격증을 취득하며 아등바등 살아왔었다. 그러다가 취업이 돼서 한참 일하다 보면 현실과 다른 업무 현장과 틀에 박힌 갑갑한 사회생활을 경험하게 되었다. 좀처럼 마음먹은 대로 잘 안 되는 업무와 함께 일하는 사람과의 복잡한 인간관계로 인해 삶에 소망을 잃어버리고 나약하게 지냈던 적도 있었다. 내가 만약 하나님을 믿지 않았다면, 아마 지금은 이 세상 사람이 아니었을지도 모른다.

그러나 이처럼 아무 소망 없이 살아가는 내게 하나님께서는 깊고 넓은 은혜를 부어 주셨으며, 처음 바다를 보며 사회생활을 경험하며 감사드렸던 지난 과거를 돌아보게 하셨다. 비록, 세상이라는 망망대해 위에 서 있는 작고 작은 아무것도 아닌 나였지만, 하나님께서는 드넓은 바다를 지으실 만큼 크신 분임을 알게 하셨다. 또한, 그분은 바다처럼 넓고도 신비한 하나님 나라를 잘 살아낼 수 있도록 예수님을 보내셔서 우리 인생의 나침반으로 삼도록 해주셨다.

아무리 걱정 없이 사는 사람도 살다 보면 인생이 막막하고 풀리지 않는 순간이 한 번쯤은 찾아온다. 어떻게 살아야 고난을 견디며, 시련을 이겨낼 수 있는가에 대한 답은 하나님께 있음을 고백해야 비로소 진짜 답을 찾을 수 있다. 만약, 누군가 삶의 비참함을 뼈저리게 경험하여 고단한 인생을 산다는 사람이 있다면, 그 사람에게 하나님께 인생의 전부를 의탁해보라고 말해주고 싶다. 그러면 바다처럼 깊고 넓은 세상에 홀로 있는 당신의 손을 주님께서 반드시 잡아주시리라 믿는다.

"예수께서 즉시 손을 내밀어 그를 붙잡으시며 이르시되 믿음이 작은 자여 왜 의심하였느냐 하시고 배에 함께 오르매 바람이 그치는지라. (마태복음 14:31~32)"

03

매일이 감사임을

"영진아. 니 먼저 씻어라~!"
"예. 알겠습니다."

　　　　　박 기사의 말을 듣고 얼른 사물함에 가서 세면
도구와 수건, 갈아입을 옷을 들고 경비실 내부에 있는 샤워실로 갔
다. 그 당시 아파트 관리기사로 일하면서 잔디 깎기 작업을 며칠간
하게 되었는데, 작업 후에는 늘 먼지와 잔디가 옷에 묻을 수밖에 없
었다. 그래서 작업이 끝난 오후 5시 샤워장에서 샤워하고 6시에 퇴
근하게 되었다. 평소 같으면 내가 마지막에 씻어야 했지만, 그날은
박 기사가 당직근무여서 먼저 씻게 되었다.

　경비원 휴식공간으로 들어가면 샤워할 수 있는 공간이 있었다. 우

리가 흔히 생각하는 가정집의 타일이 전면에 부착된 깔끔한 샤워장이 아니었다. 페인트칠이 되어있지 않은 회색지대 속 직사각형의 공간이었는데, 천장은 보온테이프 처리된 커다란 배관이 길게 늘어져 있었다. 한쪽 벽면에 샤워기가 설치되어 있고, 그 주변 바닥은 정사각형 테두리로 타일이 부착되어 있었다. 그곳에서 나는 옷을 벗고, 샴푸를 한 움큼 짜서 머리를 감고, 바디워시로 몸을 씻었다.

샤워가 다 끝나갈 때쯤이었다. 갑자기 불이 딱 하니 꺼지는 것이 아니겠는가!

'어. 이거 뭐야. 갑자기 왜 이래? 누가 불이라도 껐나?'

빛으로 가득 차 있던 샤워장 내부는 순식간에 어두워졌고, 내 시야도 차츰 어두워졌다. 그 당시에 전등을 끄고 켤 수 있는 스위치가 샤워장 외부에 있었기 때문에 내부에서는 불을 다시 켤 방법이 없었다. 배에 있는 힘껏 힘을 주어 소리쳤다.

"밖에 누구 없어요? 여기 사람 있어요. 불 좀 켜주세요."

아무리 소리쳐 봐도 밖에서는 아무런 대꾸도 하지 않았다. 아마 경비원 아저씨가 아무도 없는 줄 알고 불을 끄고 근무를 하러 나간 거라 생각되었다. 그 자체로는 문제가 없다. 그러나 경비원 휴게실과 샤워장 불을 켜는 스위치가 연결되어있는 게 문제였다. 경비원 휴게실 불을 끄면 당연히 샤워장 불도 함께 꺼질 수밖에 없었다.

'아. 이런 황당한 경우가 있나....... 할 수 없지. 직접 나가서 불을 켜야겠다.'

샤워장에 사람이 있는지 없는지 확인도 안 해보고 불을 끈 사람의 부주의함이 조금 야속하긴 했지만, 어쨌든 빛이 있어야 샤워를 마무리할 것이 아닌가. 아무튼 지금 내가 있는 곳의 내부 공간 위치를 하나하나 떠올렸다. 오른쪽으로 대각선 열 발자국 가면 문이 있을 거라 여기며, 별생각 없이 아무것도 걸치지 않은 몸으로 실행에 옮겼다.

천천히 한 발자국씩 맨발로 이동했다. 넘어지지 않게 천천히 이동했는데, 예상과는 달리 문은 고사하고 벽도 손으로 만져지지 않았다. 한 5분 정도를 그렇게 혼자서 헤맸는데, 도저히 출입문을 찾을 수 없었다. 이러다가는 정말 밤새 혼자서 샤워장에 갇혀 있을 수도 있다고 생각하니 손이 덜덜 떨려왔다. 눈에 비친 건 온통 어두운 세상뿐이었다. 맹인이 되어보지 않아서 잘 모르지만, 이런 기분이 아닐까 하는 생각이 들었다. 어떻게든 여기서 탈출하고 싶었다. 그래서 하나님께 기도드렸다.

'하나님. 빛이 안 들어오니까 너무 답답해 죽겠습니다. 빨리 출입문을 찾을 수 있도록 인도해 주세요.'

기도를 드리면서 샤워기가 설치된 장소로 돌아가려고 했다. 왼쪽으로 손을 뻗어 벽을 찾고, 다시 왼쪽으로 걸어서 다섯 발자국을 되돌아가니 원래 있던 장소로 돌아오게 되었다. 그러다가 내 옷에 핸드폰이 있다는 것이 생각이 났고, 오른발로 다섯 걸음을 이동하니 옷을 둔 선반이 만져졌다. 그리고 손을 더듬거리면서 찾기 시작하니 네모나고 딱딱한 물체가 만져졌다. '옳거니. 핸드폰이구나.' 하고 두 손으로 딱 쥐고 하단에 작동 버튼을 눌렀다. 그러자 휴대폰 메인화면 불이 들어왔고, 서둘러 플래시 앱을 사용하여 불을 밝히니 빛이 보이게 되었다.

'아. 다행이다. 얼른 나가서 불을 켜고 와야지.'

왼쪽으로 불을 비추니 출입문이 보였고, 문을 열고 버튼을 눌러 샤워장에 불을 켰다. 비록 손발이 더러워지긴 했지만, 샤워를 무사히 마치고 어둠 가득한 샤워장을 탈출할 수 있었다.

샤워장에서의 예기치 않은 어둠 체험을 하면서, 지금껏 매일 누려온 빛에 대해 생각하게 되었다. 무심코 누려왔던 오전과 오후의 밝은 햇빛과 저녁이면 맘 놓고 형광등을 켜고 밝게 생활하던 편리함, 그 일상이 그저 감사하기만 했다. 산소처럼 내게 빛은 늘 필요하며, 없어서는 안 될 요소임을 새삼 깨달았다.

우리가 살아가는 세계는 빛과 어둠이 존재한다. 시각으로 보이는 것뿐만 아니라 눈으로 보이진 않아도 마음으로도 빛과 어둠을 맛보면서 산다. 각자가 겪는 사건, 환경과 성격에 따라 다르지만, 분명한 것은 모든 사람은 내면 깊은 곳에서 빛과 어둠을 경험하며 살아간다. 예수님께서도 이러한 점을 잘 알고 계셨다. 우리에게 마음은 중요하고 관리가 필요한 영역이라는 것을 가르치셨다.

"네 눈은 몸의 등불이다. 네 눈이 성하면, 네 온 몸도 밝을 것이요, 네 눈이 성하지 못하면, 네 몸도 어두울 것이다. 그러므로 네 속에 있는 빛이 어둡지 않은지 살펴보아라. 네 온 몸이 밝아서 어두운 부분이 하나도 없으면, 마치 등불이 그 빛으로 너를 환하게 비출 때와 같이, 네 몸은 온전히 밝을 것이다. (누가복음 11:34-36)"

예수님께서는 내 속에 있는 빛이 어두운지 밝은지 살펴보라고 하신다. 마음이 어떤 날은 밝기도 하지만, 또 어떤 날은 어두울 수도 있다. 그래서 마음을 철저히 들여다보고 관심을 두어야 한다. 가끔 우리는 살아가면서 일상에서 느끼는 생각과 감정을 무시하고 살 때도 있지만, 그렇게 살아가다 보면 어느새 마음에 병이 들어 버리고 만다.

그렇다면 어떻게 마음을 지속해서 관리하고 건강하게 살아갈 수 있을까? 혹자는 스스로 마음을 치유할 수 있다고 여기는 사람이 많은데, 책을 통해서 치유하려 하거나 마음 수련원 같은 곳을 찾아 가기도 한다. 그런데, 사실 혼자서 마음을 컨트롤하기는 쉽지도 않을 뿐더러 더 나아가 인간 스스로 관리할 수 없는 면이 분명히 존재한다고 생각한다. 그래서 내 경우는 마음을 잘 아시고 치유해주시는 예수님께 마음의 문제를 맡긴다. 왜냐하면 그분은 어두운 세상에 살아가는 믿는 자에게 생명을 주시는 빛으로 오셨고, 충분히 어두워진 마음을 밝게 해주실 능력이 있으시기 때문이다. 비록 지금 삶이 눈물 골짜기를 지날지라도 주님은 이른 비와 많은 샘들을 준비하셔서 인생의 험난한 여정을 지날 때마다 지치지 않도록 우리를 이끄신다.

특수한 경우가 아니라면 우리는 매일 빛을 보고 산다. 주님의 섭리로 낮에는 태양, 밤에는 달과 별을 보며 살아간다. 또한, 전기로 인해 매 순간 빛을 볼 수 있으니 얼마나 다행인가. 힘들 때마다 언제든 의지할 수 있는 곁을 내어주시는 주님께서 매일, 매 순간을 우리와 함께하신다. 그래서 나는 날마다 하나님께 감사드리며 살아가고 있다.

"예수께서 또 말씀하여 이르시되 나는 세상의 빛이니 나를 따르는 자는 어둠에 다니지 아니하고 생명의 빛을 얻으리라. (요한복음 8:12)"

04

이럴 때 행복합니다

"이히히히."

"천천히 가자. 천천히. 넘어질라."

본격적으로 걷기 시작한 지 한 달 채 되지 않은 아기는 작은 보폭으로 교회 문을 지나 야외 주차장을 향해 서서히 뛰기 시작했다. 천천히 걷게 하고 싶지만, 손을 잡으면 '홱' 하니 놓아버리는 고집 때문에 넘어질까 노심초사하며 쫓아다닐 수밖에 없었다. 아기를 보면서 정면을 잠시 쳐다보니까 다행히도 교회 주차장에 주행 중인 차는 없었다. 안심하고 아기를 따라 서서히 정면을 바라보며 걸었다. 그러더니 걸음을 멈춘 아기는 익숙한 듯이 주차장 앞에 피어있는 꽃을 보면서 환한 미소를 지었다.

"여기 꽃 있네. 예로야. 예쁘다고 해주라. 자! 이렇게 해봐. '아이. 예쁘다.' 해봐."

이름 모를 꽃을 빤히 바라보면서·손으로 쓰다듬는 시늉을 했다. 그랬더니 아기는 돌나물 같은 앙증맞은 손을 쫙 펴서 꽃을 쓰다듬으면서 정확한 발음으로 내뱉었다.

"꽃! 꽃!"
"그래. 이거 꽃이지. 우리 똥강아지 말도 잘하네."
"우와~!"
"너 지금 '우와.' 했어? 아이고. 우리 예로 똑똑하네."

아기는 16개월이 된 형의 아들이자, 나의 조카다. 이름은 '이예로'라고 한다. 뜻은 '예수님으로부터 예수님에게로.' 라는 문구를 줄인 말인데 한자가 없는 한글 이름이다. 예로는 예수님이 형과 형수님 가정에 보내주신 하나님의 선물이었고, 삼촌인 내게도 기쁨을 주는 존재다. 사실 이렇게 귀한 아기가 태어나 우리 곁에 오기까지는 오랜 기다림과 하나님의 인도하심이 있었다.

2014년 9월 27일. 형은 형수님과 울산 P 웨딩홀에서 목사님의 주례 가운데 많은 사람의 축하를 받으면서 결혼했다. 그날은 축의금

받는 자리에 앉아 있어서 예식을 다 지켜보지는 못했지만, 축복받으며 결혼하는 두 사람의 행복한 미소는 지금도 잊히지 않는다. 우여곡절 끝에 힘들게 결혼했기에 두 사람의 얼굴은 아주 환해 보였다. 어쨌든 서울에서 먼 거리를 내려와 조금은 고생했지만, 보람은 있었다. 앞으로 하나님께서 인도하신 결혼생활을 아무 일없이 잘 해낼 거라는 생각이 들었다.

그로부터 1년이 지나고 2년이 흘렀다. 그런데 두 사람 사이에 아무리 노력해도 아이가 생기지 않았다. 두 사람은 나이 서른 중반을 넘었고, 형수님이 연상이라 조금 걱정이 되었다. 요새 결혼 적령기를 생각하면, 결코 늦은 시기가 아니라고 생각해볼 수도 있지만, 아이를 간절히 원하는 두 사람에게는 힘든 시기였을 것이다. 시험관 시술도 여러 차례 시도했지만, 할 때마다 실패했다고 하니 '임신은 아무래도 사람 마음먹은 대로 되지 않는가 보다.' 라는 생각이 들었다. 그렇게 시간이 흘러 어느덧, 두 사람은 결혼 3년 차를 맞이하게 되었다.

2017년 8월 초순, 부산 해운대 미래교회를 대여해 대학청년부 수련회를 하게 되었다. 마지막 날 집회는 뜨거웠고, 말씀과 기도 그리고 찬양 이후에는 서로를 위해 중보 기도를 했다. 그 당시 대학청년부 사역을 담당하셨던 최정열 목사님께서 기도회 인도하시는 중, 두 사람을 앞으로 불러 내셨다. 자세히 기억나지는 않지만, 우리에게 다음과 같이 말씀하시며 기도회를 인도하셨다.

"여기 있는 영철이와 지태를 위해서 기도합시다. 결혼한 지 3년이 되었지만, 지금까지도 아이가 없습니다. 목자, 목녀로 섬기는 두 사람 가정에 자녀를 주시도록 기도합시다. 주여! 한번 크게 외치고 기도합시다."

"주여!"

나를 포함한 지체들은 두 사람을 둘러서서 그들에게 손을 대고 기도했다. '하나님. 두 사람을 축복하셔서 아이를 허락해주세요.' 라고 마음을 다해, 소리 높여 하나님께 아뢰었다.

우리의 뜨거웠던 기도. 그것을 하나님께서는 외면하지 않으시고 기억해주신 모양이다. 수련회가 끝난 지 한 달이 안 된 8월 말, 독서실에서 공부하고 있는데, 형으로부터 카톡을 하나 받게 되었다. 곧바로 확인해 보고는 놀라움을 금치 못했다.

"진아. 니 얼마 안 있으면 삼촌 된다."

자세히 보니 사진 한 장도 같이 첨부되어 있었는데, 아기 초음파 사진이었다. 드디어 형수님이 아기를 가진 것이 확실했다. 나는 속으로 외쳤다. '우와~! 내가 삼촌이 된다니. 하하하. 아이고. 하나님. 우리 가정에 귀한 생명을 주셔서 감사합니다.'

집에 오니 아버지와 엄마도 손주가 생긴다는 소식을 듣고 매우 기뻐하셨다. 아버지는 평소에 잘 안 웃으시는데, 그날 저녁에는 입가에 미소가 떠나지 않았다. 그 후, 형은 형수님과 정기적으로 여성병원을 방문했고, 수시로 아기의 초음파 사진을 가족 카톡방에 올리곤 했다. 태명은 '응답이'라고 지었고, 아기는 별 탈 없이 뱃속에서 건강하게 잘 자랐다. 마찬가지로 형수님도 열 달 동안의 임신기간을 산달까지 회사에 다니면서도 건강하게 잘 견뎌내셨다.

처음에 출산 예정일은 3월 중순이었다. 그런데 아기가 자연분만하기에는 너무 커서 출산일이 앞당겨지게 되었다. 무려 4.7kg이 넘었으니 자연분만하기에는 위험하다는 산부인과 의사의 소견이 있었다. 결국, 출산일을 조금 앞당겨서 제왕절개를 하기로 했고 수술 날짜까지 잡았다는 소식을 전해 들었다. 곧 조카를 보게 될 순간이 멀지 않은 것이었다.

2018년 3월 2일 금요일. 아기가 나오는 순간을 형과 함께하고 싶어서 제시간에 맞춰 형수님이 입원한 울산 M 병원으로 갔다. 버스 정류장에 도착해서는 스마트 폰 지도로 위치를 살피면서 병원으로 뛰어갔다. 다행히도 예정 시간 10분을 남겨두고, 늦지 않게 병원에 도착할 수 있었다. 그런데 형수님을 보려고 입원 병실로 가니, 이미 분만실로 가셨단다. 힘내라고 말을 직접 전하지 못하고 약간 아쉬운 마음으로 형이 있는 분만 대기실로 내려갔다.

형은 소파에 앉아 아기가 나오는 순간을 기다리고 있었다. 얼마 안 있으니 응답이 외할머니와 이모도 도착했고, 해당 병원 원무과에서 근무하는 교회 동기 하늬도 기쁨의 순간을 함께하려고 올라왔다. 모두 아기의 탄생을 축하하려고 모였다.

곧 오후 2시가 되었고, 형수님의 분만 수술은 시작되었다. 그리고 한 10분쯤 지났을까. 드디어 분만실에서 문이 열리고 간호사가 카트를 끌고 밖으로 나왔다. 모두 나가서 카트에 누워있는 갓 태어난 아기를 내려다보았다.

"응애. 응애. 응애."

튼튼하고 토실토실한 남자아기가 눈에 확 들어왔다. 배 속에 있다가 갓 나와서 그런지 피부는 양수에 불어서 불그스름했다. 아무튼 그날 기억나는 건 눈을 뜨지 못한 갓난아기의 울음소리였다. 녀석. 어찌나 우렁찬지 병실이 떠나갈 정도였다. 그런데 아무리 봐도 지금껏 내가 봐왔던 신생아의 사이즈와는 비교할 수 없을 만큼 아기가 매우 컸다. 그러던 중 간호사가 신체 정보가 적힌 표시를 아기 팔에 매달면서 형에게 말하는데 함께 듣던 우리는 깜짝 놀랄 수밖에 없었다.

"아기 아버님이시죠? 아기 태어난 시각은 2019년 3월 2일 오후 2시 4분이고요, 몸무게는 5.05kg입니다."

"네? 5.05kg이요?"

"오매나. 고 녀석. 참 크게도 나왔네."

사돈 어르신이 한 말처럼 함께 있던 모든 사람이 아기 몸무게를 듣고 '헉' 소리를 내었다. 나도 30년 넘게 한 교회를 다니면서 여러 신생아의 출생 몸무게를 들어봤지만, 5kg이 넘는 아기는 지금껏 들어본 적이 없었기 때문이다. 기네스북에 오른 신생아 최대몸무게는 중국에서 태어난 아기로, 8kg으로 태어났다는 이야기를 들어본 적은 있었다. 우리 조카의 경우는 그 정도까지는 아니지만, 그래도 보통 아이보다 엄청나게 큰 편이다. 5kg의 무게를 품고 열 달을 견뎌온 형수님이 참 대단하다는 생각밖에 들지 않았다. 이리하여 예로는 출생부터 남다른 자이언트 베이비로 태어났다.

예로는 병원에서부터 간호사의 많은 사랑을 받았다. 몸무게가 5kg이 넘는 아기를 처음 본 간호사들은 신기한지 너도, 나도 돌아가며 안아봤다고 한다. 그렇게 어릴 때부터 여러 사람 손을 많이 탄 덕분에 한동안은 잘 때만큼은 안고 재웠다. 그렇지 않으면 잠을 자지 않아서 형과 형수님이 고생하기 때문이다. 예로가 목을 혼자 가누고 나서는 삼촌인 나도 가끔 예로를 재웠는데, 돌도 안 된 아기가 10kg

이 넘은 덕에 여름을 참 뜨끈하게 보냈다.

아무튼, 모두가 수고한 덕분일까. 예로는 지금도 낯가림 없이 모든 이의 사랑을 골고루 받으면서 잘 크고 있다. 대학청년부 지체들도 주일마다 예로를 귀엽게 봐주고 잘 놀아주니까 덕분에 말도 빨리 배우면서 살갑게 자라는 중이다. 아기의 나고 자라는 모든 과정을 보고 있으니 이것도 하나님께서 베풀어 주신 은혜라고 저절로 말하게 된다.

조카를 통해서 생명의 소중함을 느끼고 있다. 또한, 생명은 마음먹은 대로 거저 생기지 않는다는 것도 배웠다. 하나님의 손길을 거쳐야 비로소 생명이 창조되고, 그의 세심한 보살핌을 통해 아이가 아무 탈 없이 세상으로 나와 건강하게 자란다. 나는 그의 세심한 보살핌과 부모님의 헌신 덕분으로 지금 이 세상을 분에 넘치게 살아가는 중이다.

생명의 근원이신 하나님을 발견하고 인정할 때 우리는 소중함을 알고 기쁨을 누릴 수 있다. 시대가 변해가는 과정에 결혼이 미뤄지고 출산율이 저하되고 있다는 소식을 들으면 참 안타깝다. 나도 빨리 결혼해서 아이를 낳고 싶지만, 그럴 수 없는 현실에 약간 씁쓸함을 느낀다. 그래도 언젠가 결혼하게 될 것이라 믿고 있으며, 여전히 하나님께서는 결혼을 통해서만 생명을 허락하신다는 사실도 굳게 믿고 있다.

어쨌든 새로운 생명이 태어나는 자리에 있으면 활기를 느끼며 행복해진다. 생명력 넘치는 아이와 함께 있으면 나도 모르게 아이로 잠시 돌아가 순수함을 누리게 된다. 에너지가 가득한 아이의 웃음소리가 끊이지 않고 늘 세상 가득히 넘쳐나면 좋겠다.

"예수께서 그 어린 아이들을 불러 가까이 하시고 이르시되 어린 아이들이 내게 오는 것을 용납하고 금하지 말라 하나님의 나라가 이런 자의 것이니라. (누가복음 18:16)"

05

함께 할 때 즐겁습니다

퇴근이 임박한 저녁 시간. 회사 동료와 나는 늦은 업무를 마치고 사무실로 돌아가는 중이었다. 차를 타고 무거천을 지나고 있는데 벚꽃이 만개한 불타는 금요일이어서인지 거리에는 차와 사람으로 가득했다. 벚꽃과 사람 사이를 비좁게 지나가고 있는데 전화가 온다. 교회 목자님의 전화였다.

"영진아. 너 퇴근했어?"
"아니요. 형님. 저는 아직 퇴근 못 했어요. 형님은요?"
"형은 퇴근했는데 집에 잠시 들렀어. 진영이랑 온유 데리고 가면 아마 일곱 시 넘을 거야."
"알겠습니다. 늦어도 제가 먼저 도착하겠네요. 형님. 좀 있다가 미진 누님 댁에서 뵙겠습니다."

"어. 그래. 좀 이따가 봐~!"

오늘은 모처럼 목장 모임이 있는 날인데, 특별히 오늘은 같은 목장 소속인 미진 누님 집에서 모이기로 했다. 약속이 저녁 7시 30분인데 현재 시각이 6시 15분이었다. 통화를 끝낸 후, 교통체증을 뚫고 사무실로 복귀해서 퇴근하니 저녁 6시 40분이었다. 현장에서 일하고 난 뒤라서 온몸이 꼬질꼬질했다. 누님 집 근처 사우나에 들러 얼른 씻고 나오니 7시 25분이었다. 미진 누님 집은 첫 방문이었는데, 그냥 가기가 쑥스러워서 마트에서 막대 아이스크림을 여러 개 샀다. 카톡에 적힌 주소로 찾아간 곳은 복도식 아파트였는데, 복도를 따라가던 중 대문이 열려있는 집을 발견했다. 가까이 가보니 누님 집이 확실했다. 작은 창문으로 들여다보니 음식 준비로 분주한 미진 누님과 거실 바닥에 앉아 있는 민규가 보였다. 대문 방충망을 열고는 당찬 목소리로 인사를 했다.

"안녕들 하십니까. 저 왔습니다."

"어. 영진아 왔어?"

"영진이 형~! 안녕하세요."

집 안으로 들어서니 음식 한 상이 떡하니 차려져 있었다. 오랜만에 보는 김밥과 유부초밥 그리고 신선함이 가득해 보이는 샐러드와 깨가 한가득 뿌려진 매콤한 비빔면이 놓여 있었다. 그리고 노릇하게 구워진 버섯을 싼 베이컨꼬치와 노란 계란이 들어간 꼬마 만둣국이 식욕을 자극했다. 전부 손이 많이 가는 음식들이다. 이것을 누님 혼자 다 해냈다니 참으로 대단하다. 늦었지만 도와드릴 건 없냐고 물어보니 없다고 하는데, 조금 일찍 왔으면 하는 아쉬움이 남았다.

몇 마디 나누는 중에 목자, 목녀 부부인 두 사람이 함께 왔다. 물론 두 돌 지난 온유도 함께 왔다. 우리는 식사 기도를 하고, 저녁을 먹으면서 삶을 나누었다. 그러던 중 목자님은 대학교를 졸업하고 사회 경험이 적은 민규에게 한마디 했다.

"민규야~! 앞으로 살면서 이런 밥상 누구에게서 받아보기 힘들다. 누군가가 이렇게 음식을 대접하는 게 감사한 거란다."

그 말씀이 꼭 내게 하는 말처럼 들렸다. 선뜻 음식을 대접하겠다고 초대해준 누님의 마음 씀씀이가 더 아름답게 느껴졌다. 게다가 오늘 우리가 이렇게 맛있는 저녁 식사를 하기까지는 우여곡절이 있었다. 사실 누님 사시는 아파트에서 당일 오전 8시부터 18시까지 단수 공지가 게시판에 붙었다고 한다. 그래서 물을 단수되기 전날 미리 받아놓고 재료도 하루 전부터 미리 준비하셔서 음식을 했다고 한다. 그 사실을 알고 먹으니 준비하는 사람의 정성이 더 귀하고 음식 맛이 더 좋아질 수밖에. 나는 식탁에 있는 음식을 남김없이 다 먹고, 만둣국도 세 번이나 퍼다 먹었다. 결국 식탁의 음식들은 깨끗이 비워졌고, 준비한 누님도 만족했던 저녁 식사가 되었다.

저녁상을 치우고 딸기와 아이스크림을 후식 삼아 목장 모임을 계속했다. 찬양하고, 말씀과 삶을 나누었다. 한 주 동안 느낀 감사와 기쁨 그리고 각자의 고민과 아픔을 공유한 뒤, 우리의 소망이신 예수님을 확신하면서, 서로를 위해 기도했다. 모임 가운데 임하신 하나님께서 이 시간 우리를 더 하나 되게 하시고 우리의 믿음을 더욱 견고히 하심을 느꼈다. 또한, 이 자리에 미처 참석하지 못한 사람들을 기억했다. 택배 업무로 바쁘게 사는 종성 형님, 공무원을 준비하면서 열심히 공부하는 은혜, 그리고 갓 대학교를 졸업하고 취업 준비하는 재황이 그리고 오랫동안 교회를 나오지 못하고 있는 지체들을 위해서 기도했다.

2천 년 전, 이스라엘이 로마의 식민 지배를 받을 때, 하나님의 아들이신 예수님께서는 인간의 몸을 입고 이 땅에 오셨다. 서른이 되었을 때, 하나님 나라를 선포하시고 복음을 전하셨는데, 사회에서 소외된 가난하고 병든 자들을 돌보셨다. 특히 세리, 창녀, 죄수와도 친구가 되어주셨는데 이들과 함께 식사하시면서 복음을 전하셨다.

요즘도 그렇지만, 그 시대에는 친밀한 사이거나 귀한 사람을 집으로 초청해 함께 먹고 마셨다고 한다. 그런 사이가 아니라면 초대할 일이 거의 없다고 한다. 바리새인은 세리, 창녀, 죄수와 함께 먹고 마시는 예수님을 비난했지만, 그들의 비난에 연연하지 않으시며, 소외된 사람이 쉴 수 있게 그늘이 되어주시고, 새로운 삶을 살도록 이끌어 주셨다.

나는 매주 주일예배를 드리면서 성찬식에 참여하고 있다. 예수님께서 십자가에 달리기 전날 제자들에게 빵과 포도주를 주시면서 자신을 기억하라고 하셨다. 성찬식은 그런 예수님을 기념하기 위한 시간이다.

잠시 기도의 시간을 가진 후, 목사님은 빵을 떼시고 포도주를 잔에 따르면서 성찬식을 거행한다. 그러고 나면 장로님 다섯 분은 미리 분배된 빵과 포도주를 앉아있는 성도들에게 나눠준다. 목사님은 그 시간 성경의 한 본문을 우리에게 읽어주신다.

"내가 너희에게 전한 것은 주께 받은 것이니 곧 주 예수께서 잡히시던 밤에 떡을 가지사 축사하시고 떼어 이르시되 이것은 너희를 위하는 내 몸이니 이것을 행하여 나를 기념하라 하시고 식후에 또한 그와 같이 잔을 가지시고 이르시되 이 잔은 내 피로 세운 새 언약이니 이것을 행하여 마실 때마다 나를 기념하라 하셨으니 너희가 이 떡을 먹으며 이 잔을 마실 때마다 주의 죽으심을 그가 오실 때까지 전하는 것이 니라. (고린도전서 12:23-26)"

성찬식에 참여할 때마다 감사하지만, 매주 예배를 드리다 보면 가끔 마음이 형식적으로 느껴질 때가 있다. 그때는 찬양하기가 싫고, 빨리 예배 마치고 집에 가고 싶은 생각만 든다. 그래서는 안 되는 줄 알지만, 좀처럼 그 마음을 잡기가 쉽지 않다. 그런데도 예수님은 그런 나조차도 사랑하셔서 십자가에 못 박히며 자신의 목숨을 우리를 위해 내어주셨다. 빵과 포도주를 마시면서 내가 죄인임과 예수님의 십자가를 떠올려본다. 내가 여기 있는 이유는 나의 공로와 은혜가 아닌 전적으로 하나님의 은혜이며, 예수님의 희생과 부활이 있기에 가능하다고 말이다.

목장 모임도 마찬가지다. 내 의지로 참여하는 것이 아니라 하나님의 은혜로 참여한 것이라고 스스로 다짐한다. 목장 모임도 특별한 일이 없으면 매주 모인다. 때론 귀찮고 마음이 내키지 않을 때도 있다. 그러나 그런 마음을 일단 접고 참여하면, 굳게 닫힌 마음이 어느새 순종하고자 하는 열린 마음으로 바뀌어 있다.

그래서 나는 목장 모임이 좋다. 주중에도 나를 돌아보게 하고, 예수님과 하나님 나라를 소망하는 마음이 충만해져서 좋다. 서로가 함께 말씀을 나누고 기도해주면서 삶을 응원해주는 사람이 있으니 외롭지 않다. 예수님께서 주신 멋진 이들과 귀중한 시간을 함께하며 평생토록 하나님 나라를 꿈꾸며 살고 싶다. 목장 식구와 함께 주님의 품 안에서 즐거웠으면 좋겠다. 영원히.

"날마다 마음을 같이하여 성전에 모이기를 힘쓰고 집에서 떡을 떼며 기쁨과 순전한 마음으로 음식을 먹고 (사도행전 2:46)"

06

복의 시작은 바로 당신입니다

————

2019년 4월 22일, 월요일이었다. 부장님과 함께 XX 빌딩에서 소방공사를 하다 보니 곧 점심시간이 되었다. 잠시 하던 일을 내려놓고 점심으로 잡채밥을 먹었다. 다 먹고 난 후에 나는 지하주차장에 주차된 차 안에서 혼자 낮잠을 청하게 되었다. 그런데 눈을 감아도 낮잠이 오지 않아 휴대폰을 열어 카톡방을 보다가 친구목록 상단에 오늘 생일인 한 사람을 발견했다. 생일 맞은 사람은 바로 울산 굳글(굳세어라 글쟁이) 모임 회원, 김정찬 작가였다.

그를 처음 알게 건 지난 3월 중순이었다. 이은대 작가님의 책 쓰기 수업을 듣게 되어서 모임 장소로 가보니 몇몇 사람이 먼저 와 계셨다. 모두 처음 참석한 나를 보고 인사를 하였는데, 일어나서 깍듯이 인사하며 반갑게 환영해준 사람이 바로 김정찬 작가였다. 약간 까무

잡잡한 피부에 갓 전역한 듯한 스포츠형 헤어스타일에다 검은 뿔테 안경을 착용했다. 그와 대화를 해보니 글쓰기에 순수함과 열정을 담고 사는 청년이었다.

드디어 강의가 시작되었고, 그는 익숙한 듯이 한 손으로만 강의내용을 블루투스 키보드로 빠르게 기록하고 있었다. 왜 한 손으로만 타이핑하는지 궁금했다. 나중에 알고 보니 그는 안타깝게도 사고를 겪어 한 손을 잃고 말았다고 한다. 그런데도 남은 한 손으로만 이미 여러 권의 책을 썼다는 말을 듣고 깜짝 놀랐다. 두 손을 가진 일반 사람도 책 한 권 쓰는데 상당한 시간과 노력을 투자하는데, 장애와 고통을 안고 살아가면서 짧은 시간에 여러 권의 책을 출간한 그가 대단하게 느껴졌다. 그는 글쓰기로 삶을 치유하고 있다면서 매일 글을 쓴다면 책을 출간할 수 있다고 오히려 격려해주었다. 덕분에 나도 책을 출간할 수 있다는 용기를 얻었다.

그런 그가 생일이라는데, 가만히 있을 수 없었다. 그 당시에는 친해지기 전이라 말을 놓지 못해 내가 나이가 많은데도 존대를 했다. 그래도 용기를 내어, 울산 굳글 모임 카톡방에 진심을 담아 축하 메시지를 보냈다.

"혹시 오늘 김정찬 작가님 생일인가요? 카톡에 오늘 생일이라고 떠서 ㅋㅋ"

"김정찬 작가님 생일 축하드립니다^^ 축하 많이 받으시고 즐거운 하루 되세요 ㅋ"

1분이 지났을까. 김 작가에게서 바로 답장이 왔다.

"감사합니다. 영진 작가님~~~~^^^^ 정심 작가님이 선물 주셨어요.ㅎㅎ 감사해요~^^ ㅎㅎ"

그의 답장을 보면서 흐뭇했다. 김정찬 작가가 지금 느끼고 있는 기쁨이 내게 전해지는 듯했다. 자신의 생일을 알아주고 축하와 선물을 해주는 사람들에 대한 감사함. 그 감정이 무엇인지 알 거 같았다. 내 생일이 아니었고, 선물도 받지는 않았지만, 행복을 훅 느껴버렸다. 월요일 업무로 지친 마음에 힘이 되었다. 힘을 얻는 나는 다른 작가 회원에게도 행복한 월요일을 보내라고 메시지를 보냈다.

퇴근하고 집에 와서 카톡을 다시 살펴보았다. '축하한다.'라는 말, '감사하다'라는 말은 언제 들어도 좋다. 울산 글쓰기 모임을 시작하게 되어서 좋았다. 성인이 되고 30대가 되면서 힘내라는 말, 용기 주는 말, 격려하는 말, 파이팅하자는 열정을 담은 말을 어디 가더라도 듣기가 쉽지 않다. 그런데 교회 모임 말고도 서로 격려해주고 열정을 공유하는 모임이 생기니 삶에 활력이 생긴다. 이렇게 글쓰기 모임을 계속 가지면서 글쓰기를 계속해 나간다면, 언젠가는 나도 진짜 책을 쓰는 작가가 될 수 있다는 희망도 함께 솟는다.

진심을 담은 축복의 말과 글은 마음을 훈훈하게 해준다. 평소에는 업무로 인해, 장래에 대한 일로 늘 긴장하거나 생각이 복잡해져서 일상을 분주하게 보낼 때가 종종 있다. 의식적으로 여유를 가져 보려 하거나 느긋하게 살아보려 해도 쉽지 않다. 그런데 자신을 돌아보고 인생의 목적을 분명히 보게 해주는 방법을 깨달았다. 오늘 하루 누군가를 진심으로 인정해주고, 하나님으로부터 흘러나오는 복을 빌어주는 것이다. 구약성경에는 이런 말씀이 있다.

"내가 너로 큰 민족이 되게 하고, 너에게 복을 주어서, 네가 크게 이름을 떨치게 하겠다. 너는 복의 근원이 될 것이다. 너를 축복하는 사람에게는 내가 복을 베풀고, 너를 저주하는 사람에게는 내가 저주를 내릴 것이다. 땅에 사는 모든 민족이 너로 말미암아 복을 받을 것이다. (창세기 12:2~3)"

아브라함은 가나안 땅에서 번성하지 않았고, 자신만의 성도 갖지 못했다. 그러나 하나님께서는 아브라함이라는 한 사람을 선택하여서 한 민족과 나라를 이룰 수 있도록 약속했으며 그에게 복도 주셨다. 아브라함은 천막생활을 하며 집시로 살면서 주변국으로부터 위협을 받은 적도 있었지만, 하나님의 약속과 축복을 굳게 믿었다. 더 나아가서 주변의 다른 민족에게 축복기도를 해주었고, 그들로부터 존경을 받게 되었다. 또한, 수백 년이 지나 그의 후손은 한 나라와 민족을 이룰 수 있었다.

하나님께서는 인간을 홀로 살도록 만드시지 않았다. 가족과 친구, 주변 사람과 함께 지내며 복을 누리도록 공동체를 주셨다. 더불어 살면서 마음을 나누고 소통하며 살아가라고 말이다. 나 혼자 욕심 부리면서 많은 것에 집착하며 사는 것보다 자신의 것을 아낌없이 나눠줄 때 비로소 행복할 수 있다. 또한, 나의 잘됨만을 위해 기도하기보다 누군가의 잘됨이나 복을 빌어줄 때 삶의 풍요로움을 느낀다. 이것이 하나님께서 나와 우리에게 심어놓으신 축복의 DNA가 아닌가 싶다.

말은 이렇게 하지만 부끄럽게도 여전히 남이 잘되는 것을 보면 시기하는 마음이 든다. 또한, 나를 험담하거나 비난하는 사람을 부정하거나 저주하고픈 나쁜 마음이 들 때도 있다. 그러나 이제는 그러지 않도록 애쓰고 있다. 매 순간 내 이기심을 넘어 사랑하는 사람과 이웃을 진심으로 축복하며 살겠다고 다짐해본다. 아브라함이 하나님께 받은 소명이 타인에게 복을 빌어주는 삶이라는 것을 기억하며 살아간다면, 당신도 마찬가지로 더불어 사는 기쁨을 넘치도록 누리며 살 수 있다. '주님과 동행하는 나'로 살 때만, 그런 삶이 가능하다는 사실을 잊지 말고 살아가자.

"사랑하는 자여 네 영혼이 잘됨같이 네가 범사에 잘되고 강건하기를 내가 간구하노라. (요한3서 1:2)"

07

꿈꿀 때가 행복합니다

———

"저는 무대에 서는 것이 꿈이에요."

　　　　　성희는 내가 알고 있는 교회 동생이다. 그녀는 뮤지컬 배우를 목표로 매일 일정 시간 노래 연습을 하고 있다. 집에서 하거나, 가끔은 피아노가 있는 교회로 나와서 연습하기도 한다. 고향은 경기도 안산인데, 울산에 와서 대학을 다니면서 틈틈이 자신의 꿈을 키워가는 중이었다. 그런 모습을 보니 그녀는 인생을 아름답게 가꿔가고 있다고 생각했다.

　성희를 처음 알게 된 것은 2016년 1월이었다. 그 시절 나는 서울 생활을 정리하고 울산으로 돌아와서 다시 적응 중일 때였다. 대학청년부 예배를 드리는데, 난생처음 보는 여학생이 앉아 있었다. 간호학 전공 중이라고 자신을 소개하며, 앞으로 잘 부탁한다고 모두에게 인사를 했다. 나는 서울에서 타지생활을 하며 혼자 살던 생각이 나서, 그녀가 여기 있는 동안 잘 챙겨줘야겠다고 생각했다.

인사를 나누고 대화를 하며 알게 된 성희는 차분하고 침착한 성격의 소유자였다. 노래도 자신만의 음색으로 잘했다. 덕분에 얼마 안 있어 우리 대학청년부 찬양단인 '하노찬양단'에 섭외되어 싱어로 활동하게 되었다. 그 소식을 듣고 박수로 응원해주었다. 교회를 자신의 은사로 섬기는 모습은 참 귀하다고 생각했기 때문이다. 하나님 앞에서 꿈과 신앙이 잘 자라길 바랐다.

그러던 어느 날, 도서관에서 공부하고 있는데 비가 많이 쏟아졌다. 2월 중에 지나가는 소나기치고는 많은 양의 비가 내렸다. 내리는 빗줄기를 보고 있자니 병원에서 실습 중인 성희가 생각나 연락을 했다. 지금 밖에 비 많이 오는데 우산이 있냐고. 내 걱정처럼 역시 우산이 없단다. 내가 우산을 가지고 가서 비 안 맞게 해주겠다고 하며 마중을 나갔는데, 우산을 씌워주니 감사하다고 하였다. 그러고는 교회에서 노래 연습을 하고 간단다. 무슨 연습을 하는지 궁금해서 잠시 지켜보게 되었는데, 본 예배당에 있는 피아노에 앉더니 건반을 치는 것이 아닌가.

"우와~! 너 피아노도 칠 수 있어?"

"네. 어릴 적에 배웠어요."

그러면서 피아노 앞에 앉아서 악보를 보면서 연주했다. 가녀린 손
으로 건반을 치는데 칭찬하지 않을 수가 없었다. 한 곡의 연주를 끝
내고 잠시 멈추더니 스마트 폰으로 악보를 찾는다. 그렇게 말없이
악보 찾는 것에 집중하더니 갑자기 생각난 듯 자신의 이야기를 들려
주었다. 어릴 적에 피아노를 배웠는데, 피아노 공부를 계속하고 싶
지만, 집안 상황 때문에 그럴 수 없었단다. 우여곡절 끝에 간호학과
에 진학해 공부하게 되었는데 그때 정말 하고 싶은 꿈에 대해 생각
했다고 한다. 그 후, 어릴 적 자신의 꿈을 떠올리게 되었고, 뮤지컬
의 꿈을 꾸게 되었단다. 그녀의 꿈과 포부를 들으니 나도 꿈과 목표
를 다시 점검해보게 되었다.

그래서 그녀의 꿈을 응원해주었다. 너를 다 이해할 수 없지만 꿈을
꾸는 모습이 멋지다고, 너는 반드시 꼭 무대에 설 거라고 격려해주
었다. 그 후로도 기회가 되면 그녀를 응원하기 위해 피자를 사주며,
힘내라고 말해주었다. 그러다가 2019년 1월, 성희는 대학교 과정을
마치고 경기도로 올라가게 되었고, 두 달 만에 집 근처 병원에 간호
사로 입사했다는 연락을 받았다. 소식을 듣고, 내 일처럼 함께 기뻐
해 주었다. 비록 지금 뮤지컬 배우로 선 것은 아니었지만, 언젠가는
무대에서 자신의 재능과 역량을 발휘할 것이라고 믿는다.

사람은 저마다 자신의 장래 희망이 있다. 처음 생각의 씨앗을 품고 그것이 자라서 가지가 되고 점점 더 자라면 결국 꿈이라는 열매를 맺기도 하지만, 대부분의 사람은 장래 희망이 수시로 변하는 경험을 하게 된다. 나 또한 그랬다. 어릴 적 첫 장래 희망은 군인과 경찰이었다. 6살 때 선교원에서 앞으로 뭐가 되고 싶은지 원장선생님이 물어볼 때는 군인이 돼서 나라를 지키고 싶다고 하였고, 7살 때에는 경찰이 돼서 나쁜 사람을 혼내주고 착한 사람을 지켜주고 싶다고 하였다. 나중에 입대해서 군인도 되어보고, 전투경찰로 차출되어 경찰 생활도 해봤다. 어쨌든 꿈을 이루긴 했지만, 정말 하고 싶은 일은 아니었다.

초등학생 때는 공룡화석을 발굴하는 학자가 되고 싶었다. 공룡을 좋아했기 때문에 세상에 발견되지 못한 공룡의 흔적을 찾는 꿈을 꾸고는 했지만, 점점 흥미가 떨어졌다. 오히려 위인전이나 삼국지를 더 많이 읽었다. 중학생이 되었을 때는 노래 부르는 것을 좋아했다. 친구들과 함께 노래방을 가면 제일 열심히 잘 불렀다. 중학교 때 같은 학원에 다니며 친하게 지낸 친구가 있었는데 이름이 '박진영'이라고 하는 친구였다. 그의 한마디 덕분에 희망하는 직업에 변화가 생겼다.

"영진아. 니 노래 잘한다. 나중에 니 가수해라."

"진짜? 그럼 나도 가수 한번 도전해볼까?"

말 한마디가 내게 용기를 심어주었다. 그래서 그날부터 가수가 되는 꿈을 키웠다. 이후로 노래 연습을 하기 시작했지만, 마땅한 노래 연습 장소가 없었다. 주로 오락실 노래방에서 연습했고, 때로는 우리 아파트 옥상에서 연습하기도 했다. 지금 생각해보니 연습이라는 명목으로 동네 주민들에게는 민폐를 끼친 건 아닌가 싶다. 가수라는 꿈을 포기하게 된 것은 고등학교 1학년 때였다. 밴드에 들어가기 위해 오디션을 봤는데 너무 긴장한 나머지 '삑' 소리를 냈다. 얼굴이 벌게지고 심장이 벌렁거렸다. 결과는 오디션 탈락이라는 쓴맛을 보았고, 그 뒤로부터는 가수가 될 거라는 말은 절대 하지 않았다.

그 후로 심리학자, 역사 선생님, 한국어 강사, 소방관, 은행원 등등 장래 희망이 수시로 변했다. 게다가 나이가 들면 들수록 현실적이고 평범한 직업을 선호하게 되었다. 졸업 후에는 평범한 회사원으로 일해보기도 하고, 이것저것 여러 직업을 경험해봤었지만, 뭔가 나와는 맞지 않았다. 그런데 성희의 목표와 계획을 듣게 되면서, 다시금 내 가슴을 뛰게 만드는 것이 무엇인지 찾기 시작했다. 그러던 중 어렴풋이 예전 수련회 일을 떠올리게 되었고, 그때 하나님께서 내게 주신 가능성을 다시 떠올리게 되었다.

2009년 여름, 신기한 경험을 하게 되었다. 전역을 앞두고 말년 휴가를 받았는데, 그때 교회 수련회에 참석하게 되었다. 우리 교회 대학청년부 수련회는 자체 수련회를 했는데, 생각지도 않게 2박 3일 동안 성령 은사를 체험하게 되었다. 수련회 참석한 모든 지체 한 사람 한 사람이 강사 목사님과 함께 일하는 팀에게 예언 기도를 받게 되었는데, 지금도 기억이 생생해서 있을 수가 없다.

"사랑하는 나의 아들 영진아. 내가 너를 잘 알고 매우 사랑한단다. 너를 교회의 리더로 세울 것이며, 세상에서 선한 영향을 주는 사람으로 세울 것이다. 그리고 진로에 대해 너무 염려하지 말거라. 내가 너의 문학성을 사용하여 선한 영향을 주는 도구로 사용할 것이다."

그 말을 들은 당시에는 왜 그런 마음이셨는지 감이 잡히지 않았다. 한국어 강사를 하면 어떨까 하며 일단 국어국문학과를 복수전공 해보려고 신청서를 내고 난 후 수련회에 참여했던 나였는데, 하나님께서는 나 자신도 모르는, 내 안에 있는 문학성을 사용하시라 말씀하시니 처음에는 이해할 수 없었다. 평소에 소설이나 시를 즐겨 읽는 사람도 아니었고, 문학성이라고는 전혀 없는데 내 뜻과 전혀 다른 하나님 뜻을 좀처럼 헤아릴 수 없었다. 또한, 방언이나 예언 기도를 맹신하지는 않았지만, 진짜 하나님께서 내게 원하시는 뜻일지도 모른다는 생각이 들었다. 그래서 예수님의 어머니였던 마리아가 어린 예수님의 말을 마음에 두었듯이 나도 예언 기도의 내용을 마음속 깊이 간직하고 있었다.

그러나 시간이 지나고 지금에서야 그의 뜻을 조금이나마 알게 되었다. 졸업하고 수많은 진로를 고민하며 사회 경험이 축적되니, 세상의 필요와 하나님 안에서 꿈꿔온 가치와 방향이 명확히 보이기 시작했다.

사회가 급변하면서 많은 사람이 절대적인 진리를 믿지 않게 되었고, 일부 잘못된 교인의 행실로 인해 기독교가 욕먹는 시대를 우리는 살아가고 있다. 그래서인지 노방전도를 통해서 예수님을 믿게 된 사람은 눈을 씻고 찾아봐도 볼 수 없다. 이런 시대에 하나님을 어떻게 전할까 고민하기 시작하면서 하나님이 이끄신 내 삶을 기록하기 시작했고, 예수님을 전하고 싶은 마음으로 내 경험과 가치를 담아 책을 써볼 것을 꿈꾸게 되었다.

하나님과 그의 아들이신 예수님을 진정으로 만나게 되면 삶이 행복해진다. 책을 통해 복음을 전하겠다는 마음을 부디 하나님께서 좋게 봐주시리라 믿는다. 지금 쓰는 글은 소설이나 시 같은 문학성이 두드러진 글을 쓰고 있지는 않지만, 훗날에는 소설이나 시를 쓰고 그것으로 예수님을 전해볼까 싶다. 사도 요한이 복음을 전하기 위해 기록을 남긴 것처럼 나도 그런 삶을 추구하며 살고 싶다.

"예수께서 제자들 앞에서 이 책에 기록되지 아니한 다른 표적도 많이 행하셨으나 오직 이것을 기록함은 너희로 예수께서 하나님의 아들 그리스도이심을 믿게 하려 함이요 또 너희로 믿고 그 이름을 힘입어 생명을 얻게 하려 함이니라. (요한복음 20:30~31)"

일상을 살아갈 때

"

오늘이라는 시간을 허락하시는 분은
나를 만드신 하나님이시다. 하나님께서 주신
시간과 상황 속에서 삶을 살게 된다.
오늘을 선물이라고 생각하며 주어진 일에
최선을 다해야 하지 않겠는가.

"

01

뭐 특별한 일 없나요?

2004년 고3 때 일이었다. 그날은 다른 학교에 볼일이 있어 들르게 되었다. 육교를 지나 버스정류장에 내려서 5분 정도 걸으니 정화네 학교 정문에 도착했다. 밤인 데다가 언덕길을 올라오니 숨이 조금 찼다. 가을이라 그런지 저녁 공기는 차가웠지만 동복을 착용한 탓에 춥지는 않았다. 교문 앞에서 잠시 숨을 고른 뒤 단장인 정화에게 전화를 걸었다.

"정화야~! 나 지금 너희 학교 앞에 도착했거든. 어디에서 준비하고 있어?"

"어? 벌써 도착했구나. 정문에서 조금만 걸어오면 오른쪽에 체육관이 있을 거야. 거기 있으면 내가 마중 나갈게."

"그래. 알겠어. 조금 이따가 봐."

　오른쪽을 돌아보니 정화 말대로 돔 형태의 체육관이 있었다. 체육관 안은 불이 켜져 있어서 그런지 환했다. 가까이 걸어가 보니 여학생들 몇 명이 축제 준비로 분주하게 움직이는 모습이 보였다. 그 모습을 한동안 지켜보며 축제 분위기를 조금 느끼고 있으려니 반가운 목소리가 들렸다.

　"영진아. 진짜 이렇게 올 줄 몰랐는데 도와주러 와서 고마워."
　"괜찮아. 너희도 우리 축제할 때 와서 도와줬잖아. 당연히 너희 축제도 우리가 도와줘야지."
　"어쨌든 이렇게 와줘서 고마워. 일단 안으로 들어가자."
　"그래."

　정화를 따라서 체육관 내부로 들어갔다. 체육관 옆길로 들어가다 보니 드디어 예향선교단 친구들이 준비하고 있는 장소에 도착할 수 있었다. 교실이었는지 아닌지 자세히 기억은 나지 않지만, 지정된 축제 장소가 아마 교실 내부였던 것 같다. 창문으로 살짝 보니 여기저기 장식이나 표지판이 붙어 있었다. 문을 열고 들어가서 한창 준비 중인 얘들에게 인사를 했다.

"안녕. 너희 축제 준비 잘하고 있어?"

"어? 영진아!"

"안녕하세요. 오빠."

그날 내가 방문했던 곳은 울산 소재의 S 여고였다. 표정을 보니 내 방문 소식을 모두가 알고 있진 않았던 것 같다. 아무튼 여학생들이 반겨주니 기분이 좋아서 입꼬리가 살짝 올라갈 뻔했다. 나는 최대한 표시 내지 않으려 애를 쓰며, 담담하게 여학생들과 대화를 나누었다. 정화 말고 다른 친구가 말했다.

"어떻게 왔어? 이 시간에 학교에서 야자 하고 있어야 하는 거 아나?"

"나 너희들 '협총(협동 총무의 줄임말)' 이잖아. 격려차 와봤어. 뭐 도와줄 거는 없어? 그리고 음료수 사 왔는데 마셔가면서 준비해."

"고마워. 영진아."

"이렇게 도와주러 와주셔서 감사해요. 오빠."

고등학생 때는 기독교 학생선교단체 활동을 했다. 울산지역 고등학교마다 선교단이 있었고, 선교단 여러 개가 모여서 하나의 선교단체로 활동했는데, '10대들의 둥지'와 '울학선'이라는 두 개의 단체가 있었다. 나는 '10대들의 둥지'에 소속되어 활동하고 있었는데, 우리 H 학교 선교단은 S 여고 선교단과 협력관계였다. 또한, 선교단체에서 내가 맡은 역할이 S 여고 예향 선교단의 협동 총무였다.

어쨌든 '협총' 역할을 충실하기 위해서 평소에는 힘내라는 격려 문자도 한 번씩 보내긴 했지만, 이번 S 여고 축제는 직접 도와주고 싶은 마음이 들었다. 같은 선교단 친구인 현이나 종민이도 함께 갔으면 좋았겠지만, 각자 사정이 있어 아쉽게도 함께하지 못했다. 그래도 덕분에 밤중에 혼자서 꽃밭으로 가는 호사를 누리게 되었다.

막상 도착해서 보니 내가 도와줄 일은 많지 않았다. 혹시 무거운 것이 있으면 옮겨주면 되겠거니 생각했지만, 무거워 봐야 고작 책상과 의자 옮기는 일이 전부였다. 그 외에 잡일은 물어가면서 도와주었다. 힘든 일도 없고, 약간의 도움을 주게 되니 '오길 잘 했구나.' 싶은 생각에 어깨가 으쓱 올라갔다. 그러나 들뜬 마음은 오래가지 않았다. 그 사건이 터지면서 내 감정은 180도 롤러코스터를 탔으니 말이다.

그렇게 일해주다 보니 어느덧 30분 정도 지났다. 그때쯤 되니 다들 각자 맡은 일을 열심히 하고 있었는데, 서로가 맡은 일을 내내 지켜보지는 않을 정도로 집중을 하고 있었다. 그때 교실 중앙에서 작업하고 있던 친구가 나를 불렀다. 다급하게 불러준 친구가 내게 부탁을 했다.

"영진아. 여기서 내가 뭘 좀 하려고 하는데 여기 있는 박스 좀 저기로 옮겨줄래?"

아래로 내려다보니 직사각형의 박스가 놓여 있었다. 내용물을 보니 포스터가 있었는데, 수십 장 아니 수백 장은 되어 보였다. 여학생 혼자 들기에는 아무래도 무게가 있어 보였다. 두 손을 꽉 쥐고 살짝 들어보니 적어도 무게 10~15kg 정도는 되지 않을까 생각되었다. '뭐 이 정도 무게는 거뜬하게 들지.'라며 숨을 한번 길게 들이쉬었다. 상자 밑바닥 모서리를 양손으로 잡고, 두 다리는 어깨너비만큼 벌리고 팔과 다리 및 허리에 힘줄 준비를 했다. 허리가 다치지 않도록 엉덩이를 바닥으로 밀착시켜서 대변보는 자세를 취했다. 이제 허리와 다리에 힘을 주면 되었다. 속으로 숫자를 세기 시작했다.

'자! 준비하시고. 하나, 둘, 셋! 하압.'
"쫙~!"

셋과 함께 힘찬 반동을 주어서 일어서려는 순간, 동시에 천 찢어지는 소리가 들렸다. 그러고는 쪼그려 앉은 탓에 교복 바지에 잡혀있던 불편했던 엉덩이가 갑자기 편하게 느껴졌다. 편하다 못해서 약간의 허전함마저 느끼게 되었다. 이상한 기분에 상자를 내려놓고 엉덩이에 오른손을 슬쩍 대어보니 맨살이 만져졌다.

'아. 어쩌지. 교복 바지가 터져버렸네. 난감하네. 이거.......'

얼굴이 다 화끈거렸다. 주변을 둘러보니 모두가 자기 일에 열중하고 있어서 나에게 주목하지 않고 있었다. 재빨리 교복 상의를 벗어 터진 바지를 가릴 수 있게 양 소매를 교차 시켜 허리에 꽉 묶었다. 긴 팔 흰 와이셔츠의 소매를 팔꿈치까지 걷으면서 나는 태연한 척 모두 다 들리도록 한마디를 내던졌다.

"아. 갑자기 왜 이렇게 덥지?"

그러고는 상자를 옮겨다 주면서 다른 일들을 도맡아서 하게 되었다. 어쨌든 아무도 내 터진 바지를 보지 못했다는 것은 정말 다행이었다. 그러나 계속, 이 하체가 허전한 상태로는 더 도와주기는 어려울 거 같았다. 예향선교단 친구들에게는 끝까지 도와주지 못해 미안하지만, 일단 여기서 빨리 탈출하고 싶은 생각뿐이었다. 멀찍이 떨어져서 축제 준비 중인 정화를 따로 불렀다.

"미안한데 내가 급한 일이 생겨서 지금 가봐야 할 거 같아. 끝까지 못 도와줘서 미안하다."

"아. 그래? 알겠어. 도와줘서 고마웠어. 영진아."

"아니다. 어쨌든 오늘 준비 잘해서 축제 무사히 잘 마치고."

"알겠어. 잘 가. 다음에 보자."

"그래. 안녕."

내가 간다는 말에 다른 친구들과 후배들도 인사를 했다. 인사를 받고 태연하게 걸어서 체육관 문을 나섰다. 그러고는 아무도 보이지 않게 되자, 버스정류장을 향해 달리기 시작했다. 숨이 찬다는 생각이 들지 않을 정도로 뛰어서 육교를 건너 우리 교회 앞에 있는 정류장에 도착한 후 집으로 가는 버스에 바로 올라탔다.

집에 도착하자마자 안도의 한숨을 내쉬었다. 교복 바지를 벗어 터진 부위를 확인해 보니 무려 손 한 뼘 크기로 터져 있었다. 그걸 본 엄마는 터진 바지를 바늘로 수선해주시면서 말씀하셨다.

"진아. 뭐 어떻게 했길래 바지가 이만큼 터졌노? 고등학교 입학하고 바지 터진 적 한 번도 없었잖아."

"모르겠다. 엄마. 그냥 쪼그려 앉아 있다가 일어나려고 하니까 '쫙!' 하고 터져 버렸다."

물론 야간 자율학습을 빼먹고 여고 가서 축제 도와주다가 그랬다고 하면, 공부는 안 하고 쓸데없는 짓 한다고 엄마한테 혼이 날 거 같아서 그 얘기는 일부러 하지 않았다. 오히려 거짓말로 위기를 모면했으니 양심이 조금 찔리긴 했지만 어쩔 도리가 없었다. 아무튼 엄마가 바로 수선해 주셔서 다음 날 아무 일 없이 그 바지를 입고 등교하게 되었다.

　도움을 주러 갔다가 남이 겪지 못할 특별한 경험을 했다. 아무튼 그날은 참 부끄러웠고 적잖게 당황하긴 했지만, 신속히 대처한 덕분에 모두에게 큰 이슈가 되지 않아서 다행이었다. 또한, 결과가 어찌 되었든 남학생 혼자서 여고에 찾아가서 도와준 것도 한편으로는 지금 내 입장에서 생각해보니까 대단히 배짱 있는 행동이었다. 상대적으로 키가 크거나 잘생기진 않았지만, 그런 용기를 낸 자체가 칭찬할만하다.

　선한 일을 하다 보면 누구든지 황당하거나 부끄러운 일을 당할 때도 있다. 싸우거나 울 때도 있고, 낙심될 때도 있다. 그러나 이거 하나만큼은 기억해야겠다. 선한 일을 하다가 어떤 일을 겪어도 낙심하거나 용기를 잃지 말았으면 좋겠다. 결과가 좋을 수도, 안 좋을 수도 있지만 시간이 지나고 보면 자신에게는 추억이 되고, 당신의 경험을 타인에게 들려주면 위로가 된다. 슬픔이 기쁨으로 변하게 된다는 의미가 이런 말이 아닐까 싶다. 무엇보다도 선한 일은 하나님께서 권장하시고 도우신다. 그러니 용기를 잃지 말고 선한 마음을 꾸준히 품고 일했으면 좋겠다.

"내가 네게 명령한 것이 아니냐 강하고 담대하라 두려워하지 말며 놀라지 말라 네가 어디로 가든지 네 하나님 여호와가 너와 함께 하느니라 하시니라. (여호수아 1:9)"

02

오늘도 소중한 하루

7월 태풍 '다나스'가 지나간 다음 날은 일요일인 주일이었다. 예배당에서 오전 예배 중 담임 목사님은 '지금은 자다가 깰 때입니다.'라는 주제로 말씀을 전해 주시고 계셨다. 우리 성도들은 하루가 아닌 영원을 바라봐야 하며 '일희일비'하지 말고 최후를 아는 삶을 살아야 한다고 말씀해주셨다. 고사성어 일희일비(一喜一悲)는 '기뻐했다 슬퍼했다 함' 또는 '상황에 따라 좋아했다 슬퍼했다'를 반복하는 모습을 일컫는다. 말씀을 들으면서 지난날을 돌아보니 일희일비했던 순간들이 떠올랐다.

4월 중순이었다. 사장님과 함께 학교 월 점검을 마친 후, 사장님 차를 타고 사무실로 향하고 있었다. 그때가 오후 5시쯤 되었는데, 그날은 저녁 7시에 교회에서 목장 모임이 있는 날이었다. 지금 사무실에 도착하면 옷 갈아입고 6시에 정시퇴근을 하게 된다. 그러면 집에 가서 얼른 씻고, 교회로 가면 늦어도 7시 조금 넘으면 도착할 것 같았다.

XX 소방 사장님은 소방분야에서 오랫동안 근무하신 기술자다. 20년 넘게 소방감리를 했고, 소방기술사 자격증을 취득했다. 그리고 몇 해 전에 소방시설관리사 자격증을 취득한 후에 소방시설 공사 및 관리 사업을 창업하여 지금까지 운영하고 있다. 흰머리가 약간 있지만, 신장은 180cm 정도이며, 안경을 착용한 젠틀한 이미지를 가진 중년 남성이다.

사무실에 거의 다 도착할 때쯤이었다. 그때 갑자기 사장님에게 어디선가 전화가 왔다. 사장님 핸드폰과 블루투스가 연결되어 있어 나도 통화내용을 들을 수가 있었다. 그런데 내 입장에서는 그다지 좋은 소식은 아니었다.

"여보세요. 사장님. 저 안전관리팀 XXX 과장입니다."

"아. 네. 안녕하세요."

"지금 저희 XX동에 경종이 울린다고 연락 왔는데 오작동 난 거 조치 좀 해주세요. 김 팀장님한테 연락했는데 통화가 안 돼서 이렇게 사장님께 전화 드렸습니다."

"아. 그렇습니까? 제가 지금 사무실 근처인데 지금 가면 30분 내로 도착할 거 같거든요. 조금만 기다려주시겠습니까?"

"네. 알겠습니다."

전화를 끊으신 사장님은 방향을 돌려 XX 동제련이 있는 온산공단으로 차를 돌렸다. 순간 사무실에 늦게 도착할 거 같다는 불안감이 들었다. 갑자기 보안규정이 까다로운 그곳으로 간다고 해서 사장님께 물어보았다.

"사장님. 지금 XX 가시는 겁니까?"

"응."

"그런데 제가 안전모랑 안전화 착용 안 했는데 XX에 출입할 수 있을까요?"

"괜찮아. 그래도 들어갈 수 있어."

"네."

괜한 걱정을 했나 보다. 아무튼, 사장님은 말없이 운전에 집중하셨고, 20여 분이 지나 XX 동제련에 도착하게 되었다. 주차하자마자 우리는 내려서 정문 출입구 실내에 있는 수신기를 살펴보고 조치를 취했다. 그런 후에 조치한 사항을 담당자에게 보고하고 난 후 사장님과 함께 다시 차를 타고 사무실로 향했다.

온산공단에서의 퇴근길은 정말 갑갑했다. 마침 그날은 금요일이라 그런지 퇴근하는 승용차들이 도로에 줄지어 있는데, 평소 속도보다 절반 이하의 속도로 운행을 할 수밖에 없었다. 그런 상황에서 나는 괜스레 손에 쥐고 있던 핸드폰만 엄지와 검지로 만지작거리게 되었다. 그렇게 말없이 한참을 가다 보니 이상하게도 사무실로 가는 길이 아니었다. '사장님. 사무실 가는 지름길은 이 길이 아니잖아요.'라고 말하고 싶었지만, 꾹 참았다. 그렇게 10분을 가다가 사장님이 말씀하셨다.

"영진이 너 꼭 지금 사무실 가야 하나?"

"네. 제 짐이 거기 다 있어서요. 그런데 사장님 혹시 무슨 일 있으십니까?"

"내가 6시 20분까지 약속이 있어서 거기 가봐야 하거든. 그런데 지금 시간을 보니 사무실 갔다가 가면 너무 늦을 거 같아. 그래서 너 가까운 곳에 내려주고 약속장소 바로 가려고. 너 집 공업탑하고 가깝다고 하지 않았냐? 저번에 내려준 곳에서 내려주면 되지?"

"네. 공업탑하고 가깝긴 합니다만, 사장님 약속장소가 어딥니까?"

"신정동 '햇토XX'."

말씀을 마치신 사장님은 내비게이션으로 경로 탐색을 했다. 검색

된 지도를 자세히 살펴보니 약속장소가 우리 집과 도보로 5분 정도밖에 되지 않는 가까운 위치였다. 나는 속으로 '앗싸!' 하고 외쳤다. 그런 다음, 사장님에게 침착한 어조로 말했다.

"신정동 햇토XX이네요. 그러면 사장님. 이렇게 하는 게 어떨까요? 햇토XX이 마침 집에서 걸어서 5분 거리에 있습니다. 사장님 약속장소에 도착하면 제가 걸어서 퇴근해도 되니까 중간에 저 안 내려주시고 바로 가셔도 될 거 같습니다."

"그러냐? 그렇게 해도 돼?

"네. 사장님."

"알겠다. 그럼 지금 바로 그리로 간다?"

"네!"

그렇게 되면 집에 도착하면 6시 20분이 될 것이고, 씻고 나오면 예정대로 7시 전후로 시간을 맞출 수 있을 거라는 희망이 생겼다. 그런 즐거운 상상을 하면서 가니까 교통체증으로 15분 지체된 시간이 생각보다 아깝지 않았다. 드디어 꽉 막힌 공업탑을 빠져나와 집 근처 햇토XX 주차장에 도착하게 되었다. 차에서 내리면서 사장님께 인사를 했다.

"사장님. 감사합니다. 그리고 오늘 고생 많으셨습니다. 주말 잘 보내시고 다음 주 월요일에 뵙겠습니다."

"그래. 다음 주에 보자."

"네."

집으로 올라가는 발걸음이 가벼웠다. 두 손을 추리닝 바지에 집어넣고 오면서 '캬~! 어떻게 그런 절충안을 생각해냈냐!' 하며 스스로에게 아낌없는 칭찬을 해주었다. 그러다 보니 벌써 우리 집 아파트 입구까지 왔다. 그런데 한 가지 사실을 알아차리고는 들뜬 마음이 사라지고 혼돈이 찾아왔다.

'어? 왜 열쇠가 주머니에 없지? 아! 맞다. 오늘은 열쇠를 가방에 넣어두었구나. 이를 어쩌지? 오! 맞다. 지금 시간 보니까 좀 있으면 엄마가 집에 오겠구나. 조금 늦어도 사무실 가는 것보다 집에서 엄마를 기다리는 편이 낫겠어. 일단 전화 한번 해봐야겠다.'

"여보세요. 엄마."

"그래. 진아. 집에 도착했어?"

"집에 도착하긴 했는데 오늘은 사무실 안 들리고 바로 퇴근해 버려서 지금 열쇠가 없다. 그래서 집에 못 들어가고 있다. 근데 엄마 언제 집에 오는데?"

"엄마 지금 예로네 집인데 아직 너 형하고 형수 안 와서 올 때까지 기다리고 있다."

"아. 맞나? 그럼 형은 언제 온다는데?"

"쫌 전에 전화해보니까 30분 정도는 더 있어야 할 거 같다."

"아. 엄마. 내 우야는데. 오늘 7시에 목장 모임 있는데 이래 씻지도 못하고 갈 수도 없고."

"어쩌겠노? 엄마가 집에 가려면 1시간은 더 있어야 하는데....... 할 수 없다. 오늘은 쫌 늦게 가든가 해라."

"하아~! 안 된다. 어떻게 그라노? 약속을 했으면 시간 맞춰서 가야 되지 늦으면 안 된다."

발은 동동 구르는데 애가 탔다. 완벽해 보였던 내 계획이 무산되고 나니 갑자기 기운이 빠지기 시작하더니 푸념까지 늘어놓아 버리게 되었다. 이런 멘탈 붕괴를 철저히 맛보게 될 줄 누가 상상이나 했겠는가?

그래도 어쩌겠는가? 하는 수 없이 전화를 끊자마자 다시 사무실로 가기 위해 버스정류장으로 가서 바로 버스를 탔다. 막상 버스를 타고 보니, 승객의 시선이 내게로 향할까 봐 조마조마했다. 당시 옷차림새는 추리닝 차림에다가 등짝에는 'XX 소방' 이 적혀있는 봄 잠바를 입고 있었다. 게다가 포켓이 달린 여름용 조끼를 입고 있었는데, 포켓 안에는 드라이버나 절연테이프, 휴대용 손전등 같은 연장들이 있던 탓에 양쪽 포켓이 불룩하게 튀어나와서 보기 흉했다. 게다가 옷은 여러 현장을 돌며 일한 탓에 먼지와 흙이 묻어서 지저분했기 때문에, 현장이 아닌 버스 안에서는 차마 당당하게 얼굴을 들고 있을 수 없었다. 그래서 고개를 푹 숙인 채 위에 달린 동그란 손잡이에 몸을 맡기며 서 있기만 했다.

우여곡절 끝에 사무실에 도착하니 다른 직원은 다 퇴근하고 없었다. 비밀번호를 누르고 문을 열고 들어가니 불은 다 꺼져있었다. 쓸쓸히 사물함에서 내 짐을 꺼내서 나오는데 시계를 보니 6시 50분이었다. 사무실을 나와 집으로 향하면서 시간 계산을 해보았다. 집에 도착하면 7시 30분. 씻고 나와서 다시 교회 가면 8시 30분이 될 거 같았다. 실제로 그대로 움직이니 8시 20분에 교회에 도착할 수 있었다.

그날 하루는 참으로 '일희일비' 하는 하루였다. 집 가까이 내려서 시간을 줄일 수 있겠다는 희망으로 인해 기뻤지만, 막상 집에 도착하니 열쇠가 없었고, 엄마마저 안 계셔서 집에 못 들어가게 되어 우울했다. 어느 정도 시일이 지난 지금 그날을 돌아보니 시간에 연연하여 감정을 일그러뜨릴 필요가 전혀 없다는 사실을 깨닫는다.

그 당시 내게는 시간을 통제할 권한이 없었다. 어차피 나는 사장님이 고용한 고용인일 뿐이다. 또한, 사장님 차에 함께 타고 있었으니, 사장님의 시간과 의지에 따라 움직일 수밖에 없었다. 사장이 아닌 직원인 이상 매번 좋은 근로조건을 기대하는 건 아무래도 욕심이라는 생각이 들었다.

오늘이라는 시간을 허락하시는 분은 나를 만드신 하나님이시다. 그러니 아무리 스스로 머리를 굴리면서 시간을 통제하려 해도 결국 하나님께서 주신 시간과 상황 속에서 삶을 살게 된다. 그러니 어쩌겠나! 그저, 하나님께서 주신 오늘을 선물이라고 생각하며 주어진 일에 최선을 다해야 하지 않겠는가. 이제 불평은 잠시 접어두고, 지금 이 순간을 한번 즐겨보는 것은 어떨까? 아마 오늘이라는 소중한 하루가 헛되진 않을 것이다.

"해로 낮을 주관하게 하신 이에게 감사하라 그 인자하심이 영원함이로다. (시편 136:8)"

03

싸우기도 하고 울기도 하고

———

"아~! 왜 때리는데!"

"니가 먼저 잘못했잖아."

"내가 뭐?"

     6월 6일 형이 출장을 간 날이었다. 모처럼 형 집에 온 나는 예로와 함께 '뽀X' TV를 보고 있었는데 영돈, 영인이 가 싸우는지 방에서 큰 소리가 났다. 무슨 일 때문에 싸우는지는 모르겠지만, 언성이 점점 높아져 갔다.

  두 사람은 13살, 12살 연년생 형제인데 이 둘은 성격이 정 반대이 다. 영돈이는 차분하고 알뜰한 성격을 지녔는데, 한 번씩 자신의 용 돈을 아껴서 이종사촌인 예로에게 장난감이나 옷을 사주기도 한다.

반면, 영인이는 활발하고 인사성이 좋다. 그러한 점은 예로랑 놀 때도 잘 드러나는데, 아기의 수준에 맞게 잘 놀아주어서 매번 예로가 영인이만 보면 좋다고 깔깔대며 잘 웃는다.

아무튼 이러다가 서로 주먹다짐을 하는 것은 아닌가 걱정이 되었다. 그 찰나에 형수님이 방으로 가서 그들의 싸움을 말렸다. 영돈, 영인은 형수님의 조카들이다. 근처에 사는 덕분에, 형 집에 자주 와서 밥도 먹고 잠도 자기도 하고 예로랑 놀기도 한다. 형과 형수님은 형제를 부모처럼 살뜰히 잘 챙겨준다. 학교에 준비물이 필요하면 직접 사다 주기도 하고, 식사를 챙겨주기도 한다. 또한, 잘못한 것이 있으면 혼을 내고 반성할 수 있도록 지도하기도 한다.

아무튼 그동안 나는 예로를 맡아 보면서, 거실에서 숨을 죽인 채 방 안에서 들려오는 말소리에 가만히 귀를 기울였다. 어떻게 싸우게 되었는지는 이유는 잘 알지 못했지만, 울음 섞인 영인이의 말소리가 들려왔다.

"이모는 왜 내만 그러는데 엉엉."
"니 뭘 잘했다고 소리 지르는데."

둘의 싸움을 말리고 서로 반성의 시간을 가지게 하기 위해서 형수님은 서로를 떼어놓으려고 했다.

"안 되겠다. 영인이 니 여기서 나가 있어."

"싫어. 내보고 어디로 가라고."

영인은 고집을 피우다가 결국 작은 방을 나와 큰방으로 들어가서 문을 쾅 하며 닫는다. 이 모습을 보더니, 형수님도 큰방으로 따라 들어갔다. 더 큰 소리가 날 거 같은 기분이 든 나는 예로가 엄마를 찾아서 큰방으로 가지 못하게 하려고 일부러 TV의 음량을 더 크게 키웠다. 형을 혼내는 엄마를 말리고 싶었는지 예로는 자꾸 큰방으로 들어가려 했다.

"엄마. 엄마."

"예로야. 지금은 안돼. 엄마 보고 싶어도 조금만 참자. 응? 엄마 나올 때까지 삼촌하고 TV보고 있자. 알겠지?"

"엄마. 으앙."

그렇게 필사적으로 예로를 문 앞에서 막아서며, 안고 한참을 달래주었다. 결국, 두 사람의 대화는 끝까지 듣지 못했다. 두 사람이 들어간 지 30분 정도 되었을까. 형수님이 먼저 방문을 열고 나온다. 한참 고집이 세어지는 영인을 혼내느라 지쳐보였다. 그러거나 말거나 예로는 엄마를 보자마자 좋아하며, 성큼성큼 걸어가 형수님께 안긴다. 반가운 모자 상봉의 순간이었다.

잠시 후 형수님은 큰 볼일 본 예로를 씻기고 기저귀를 갈아주기로 하셨다. 씻길 준비를 할 테니 예로를 데려와 달라고 내게 부탁하셨다. 예로를 안고 가면서 나는 큰방에 엎드려 있는 영인을 보았다. 그저 아무 말 없이 뚱한 표정으로 스마트 폰으로 유XX를 시청하고 있었다. 화나고 억울한 것이 여전히 풀리지 않은 듯 보였다. 그걸 보자니 내 마음도 안쓰러웠다. 속히 영돈, 영인이가 빨리 화해하고, 영인이가 이모에게 화내고 대든 것이 좋게 풀어지길 마음속으로 기도했다.

며칠 후, 일요일에 딸을 출산한 교회 동생 고은이의 병문안을 마치고 집으로 가려고 하는데, 출장에서 돌아온 형이 집까지 태워준다고 해서 차를 얻어 탔다. 마침, 대학청년부   회장 진선이도 집이 같은 방향이라 함께 동승했다. 집으로 가는 중, 형수님은 며칠 전 일어난 사건에 대해 형에게 이야기를 해주셨다. 그날 영인은 방에서 형수님에게 '이모. 싫어! 이모는 예로랑 형만 사랑하잖아.' 라는 이야기를 했다고 한다. 그 이야기를 들은 형수님은 영인에게 이렇게 말했단다.

"니는 내가 싫은데 왜 우리 집에 자꾸 오는데?"
"엉엉. 이모부가 좋아서."

그 이야기를 듣는데 나는 순간 피식 웃음이 났다. 이모가 자기를 사랑하지 않는 것 같다고 생각해도 이모부는 편견 없이 자신을 사랑해주고 자기편을 들어준다고 생각하니까 이모부 보러 집에 온다는 것이다. 12살 초등학생에게서 나온 말이 어찌나 꾸밈없이 당돌한지. 어쨌든, 두 사람의 대화는 계속되었다.

"그래서 여보는 영인이랑 화해했어요?"

"그래서 그날 저녁에 엄마 오고 나서 영인이가 그랬어요. '이모. 내가 생각해보니까 이모한테 너무 심하게 말한 거 같아. 이모 미안.' 이라 하더라고요. 그래서 이렇게 말했어요. '그래. 영인아. 우리는 가족이니까 서로 사랑해야 하잖아.' 라고 했어요."

형수님 말이 맞다. 가족이니까 서로 용납하고 사랑해야 한다. 3자 입장에서 지켜보니, 형수님과 조카들은 지혜롭게 화해를 잘한 것 같다. 서로 자존심을 내세워 갈등이 깊어질 수도 있었지만, 어쨌든 영인은 이모에게 잘못했다고 미안하다는 사과를 했고, 형인 영돈이와 화해했다고도 한다. 영인이가 용기 낸 사실이 대견했다. 지금은 어려서 자기주장만 내세우며 고집을 피우긴 하지만, 자라면서 서로를 사랑하고 배려하는 방법을 잘 배워갔으면 좋겠다.

195

영돈, 영인이 형제의 싸움을 보면서 나와 형의 지난 일이 떠올랐다. 우리 형제는 성장하면서 이들처럼 자주 다투지는 않았지만, 몇 번의 큰 다툼과 갈등을 겪었었다. 다툼 이후에는 미안하다는 말이 참 입에서 안 떨어지는 경우가 많아서 서운한 관계가 오래가기도 했다. 시간이 지나서 되돌아보면, 싸운 일들이 부끄럽게 마련이다. 어릴 때는 그걸 모르고 내 자존심만 내세우며 먼저 사과하지 않고 버틴 건 아닌가 하는 후회가 든다.

아무리 의견이 맞지 않고 서운한 일이 생기고 울며불며 싸울지언정, 가족이기에 서로 사랑하고 노력하며 쓸데없는 자존심은 내려놓아야 한다고 생각한다. 막상 다투고 나서 각자 자신을 돌아보게 되면 서로에게 상처 준 것에 부끄러움을 느끼게 된다. 그렇기에 화해하는데 시간을 너무 끌지 말았으면 한다. 화해는 타이밍이다. 갈등 상태가 길어질수록 관계가 회복되는 것도 어렵지만, 시간을 되돌리는 것은 불가능하기 때문이다. 그런 인간의 약함을 잘 이해했던 신약시대 최고의 신학자 바울 선생은 이 문제에 대해서 지혜로운 조언을 해주었다.

"분을 내어도 죄를 짓지 말며 해가 지도록 분을 품지 말고 마귀로 틈을 타지 못하게 하라. (에베소서 4:26~27)"

사랑하는 사람과의 관계에서 하나님 주신 복을 누리고 살아야 하는데, 서로 다투기만 한다면 어디 그것이 천국을 누리는 삶을 산다고 말할 수 있겠는가? 특수하고 어려운 문제여서 전문가의 도움을 받아야 하는 것이 아니라면, 더 늦기 전에 갈등 관계를 속히 회복하고 화목하게 살아가야 한다. 왜냐하면 우리의 진정한 싸움은 사랑하는 사람과 싸우는 것이 아니라 보이지 않는 영과의 싸움이기 때문이다. 오늘도 세상이 정한 법칙에 순응하지 않고, 하나님의 공평과 사랑의 질서로 살아갈 수 있길 소망해본다.

"우리의 씨름은 혈과 육을 상대하는 것이 아니요, 통치자들과 권세들과 이 어둠의 세상 주관자들과 하늘에 있는 악의 영들을 상대함이라. (에베소서 6:12)"

04

오늘도 살아갑니다

"진아. 오늘 아버지하고 목욕하러 가라."

　　　서둘러서 퇴근 준비를 하는데 엄마의 카카오톡 한마디가 참 나를 망설이게 했다. 오늘 저녁밥을 먹고 바로 성경을 마저 보고 오직 글쓰기에 집중하려 했기 때문이다. 그래도 아버지와 오랜만에 함께 가는 목욕이어서 거절할 수가 없다. 목욕을 다녀오게 되면, 시간이 얼마나 남을지 생각했다. 지금 7시 20분이니까 일찍 서둘러 목욕을 1시간 이내에 끝내고, 2시간 집중해서 글을 쓰겠다는 계획을 세우면서 마음을 다잡았다.

　집에 와서 저녁 식사를 마친 후, 곧바로 성경을 30분 동안 최대한 집중해서 읽었다. 마음에 와 닿는 성경 구절을 노트에 필기한 후, 목

욕 가방과 속옷을 챙겼다. 그런데 아버지는 느긋한 성격이시라 지금
도 준비를 마치지 못하였다. 빨리 목욕탕 가자고 재촉했지만, 그게
참 안 되시는 모양이다. 하는 수 없이 먼저 내려와 아파트 통로 밑에
서 기다리고 있으니 곧 아버지께서 내려오셨다. 8시 15분쯤 함께 목
욕탕 입구에 도착했다. 아버지는 담배 한 대 피우고 간다며 먼저 들
어가라고 하셨다. 나는 두 사람분의 입장료를 카운터에 지불하고,
남탕으로 들어와서 옷을 벗고 샤워실로 향했다.

샤워를 마치니 아버지께서 들어오셨다. 나는 먼저 온탕에 들어가
때를 불렸다. 오랜만에 느껴보는 전신의 따뜻함이었다. 시간적인 여
유가 있었다면 좀 더 앉아서 고단한 하루의 피로를 녹였겠지만, 시
간관계상 일어날 수밖에 없었다. 때만 불리고, 바로 의자에 앉아 때
를 밀기 시작했다. 아버지 또한 탕에서 나오셔서 때를 미셨다. 10여
분쯤 한참 때를 밀고 있는데, 옆에 앉은 아버지를 보니 열심히 긴 이
태리타월로 등을 밀고 계셨다. 등 밀 시간이라 생각해서 서로 등을
씻어주기로 했다.

내가 먼저 아버지 등을 밀기로 했다. 따뜻한 물을 두 번 정도 등에
퍼붓고, 이태리타월에 물기를 꼭 짠 다음, 그것을 착용하고 손바닥
을 쫙 펴서 아버지 등을 한번 밀었다. 왼쪽 옆구리부터 시작해서 오
른쪽 옆구리로, 위에서 시작해서 척추를 따라 아래로 쓱싹쓱싹 때를
밀어갔다. 이 정도면 될 거 같았는데 아버지는 더 밀어달라고 하셨

다. 심하게 밀면 때가 아니라 피부 껍질이 벗겨진다고 말해도 듣지 않고 더 밀어달라고 하신다. 할 수 없이 타월에 비누칠해서 아버지 등을 밀었다. 그리고 등을 물로 헹궈내고 마무리를 지었다. 그러자 아버지는 곧바로 내 등을 밀어주셨다.

"등에 물 좀 퍼라. 이렇게 말라서 때가 나오겠나?"
"에이. 그래도 나와요. 한번 밀어 봐요."

그렇게 말씀하셨지만, 막상 내 등을 씻겨주실 때는 때가 쑥쑥 잘 나왔다. 비누칠까지 확실하게 하고 나서 다시 내 몸에 물을 끼얹었다. 그러고는 각자 열심히 때를 미는데, 아버지가 말씀하셨다.

"102호 아저씨 있제. 오늘 그 아저씨가 아들하고 목욕탕 가드라."
"아~! 그래서 아버지도 이 아들하고 목욕탕 오고 싶으셨나 보오?"
"그래."

등을 밀면서 아버지의 알몸을 자세히 살펴보았다. 아버지도 이제는 예전과 다르게 많이 늙으셨다. 옆구리와 엉덩이 허벅지를 보니 탱탱하던 아버지 피부가 예전보다 탄력이 떨어져 보였다. 내가 어릴 적만 해도 아버지는 회사 체육대회에서 마라톤을 뛰실 정도로 기력이 좋으셨다. 또 팔에 알통도 있었는데. 지금 아버지의 팔은 예전보다는 근육도 없고 많이 야위었다. 연세가 있으시니 매일 허리와 어깨, 무릎도 아프다는 말을 달고 산다. 그런 아버지를 보니 과거 그날의 사고만 아니었으면 좀 덜 고생하지 않나 하는 생각이 들었고, 예전 일만 생각하면 괜히 내 가슴이 아려온다.

2000년 2월, 야근하고 온다는 이야기를 듣고, 아버지를 기다리지 않고 엄마와 저녁을 먹었다. 그리고 입시학원을 가서 열심히 수업을 듣고 집에 돌아왔는데, 엄마가 청천벽력 같은 이야기를 하셨다.

"진아. 어쩌면 좋노."

"왜? 엄마. 무슨 일인데?"

"너희 아버지가 회사에서 일하다가 다치셨단다."

"네? 왜 갑자기....... 어떻게 하다가 다치셨는데요?"

어두운 안색으로 내게 소식을 전한 우리 엄마는 얼마나 당황스럽고 놀랐을까? 내 기억으로는 엄마는 그날 저녁 늦게 아버지를 보러 XX 병원으로 병문안을 다녀왔다. 병원을 다녀온 엄마는 더욱 표정이 안 좋으셨다.

다음날, 학교를 마치고 아버지를 뵈러 갔다. 허리와 어깨에 붕대를 감고, 깁스한 아버지 모습이 지금도 눈에 생생하다. 아버지는 우리 집안에 기둥이자, 생계를 책임지는 가장인데, 그런 아버지가 다쳐서 아픔을 호소하는 모습을 보니 아들 된 나로서는 불안감을 느낄 수밖에 없었다. 또한, 항상 건강하셨던 아버지가 연약한 모습으로 내 앞에 있는 것을 보니 내색은 안 했지만, 나도 모르게 자꾸 주먹을 쥤다 펐다 하게 되었다. 그 후, 아버지는 1년 넘게 입원해서 치료를 받았고, 퇴원 후에도 물리치료를 꾸준히 받았다. 그러나 사고 후유증이 지금도 남아 있기에 아프다고 얘기하실 때마다 마음이 편하지 않다.

우리 아버지는 가정에 충실하고, 책임감이 강하시다. L 회사에서 30년을 근무했고, 2010년 11월 30일 화요일에 정년퇴임을 했다. 퇴임식을 하던 그 날 오후에 아버지, 엄마, 형과 함께 아버지 직장에 갔다. 정년 퇴임식에서 아버지를 축하하기 위해서다. 도착한 L 공장은 생각보다 꽤 컸다. 정문을 지나니까 여러 동의 건물들이 질서정연하게 서 있었다. 아무튼 우리는 차에서 내려 아버지가 근무했던 부서에서 동료들을 만났다. 퇴임식이 준비되는 동안, 같은 부서 직원의 안내를 받아 공장을 둘러보면서 아버지가 일했던 작업장에 가 봤다.

작업장을 보면서 30년 동안 아버지가 피땀 흘리며 노력했던 모습을 상상해보았다. 무슨 일이 있어도 처자식을 굶기지 않겠다는 굳센 다짐을 매일 하셨을 것이다. 때로는 일 때문에 술도 자주 드시고 담배도 많이 피우셨을 것이다. 지금은 회사에서 일하는 것이 얼마나 힘든지 직장생활로 인해 뼈저리게 잘 알지만, 그때는 사회생활을 제대로 해보지 않아서 인내 없이는 회사생활을 버티기 힘들다는 것을 잘 알지 못했다.

어쨌든 IMF 사태 때 동료들이 구조조정을 당해서 분위기가 위축되었을 때도 잘 버텨내셨다. 그런 생각을 하게 되니 아버지가 존경스러웠다. 우리 가족은 회의실로 들어가서 아버지의 퇴임식에 참석했고, 30년 근속패를 받을 땐 모두가 손뼉 치며 축하했다. 애써 담담하려 하신 우리 아버지는 그날 멋지게 회사를 졸업하셨다.

서로 등을 밀어주고 서서 허벅지 때를 미는데 건너편에서 앉아 있는 아버지와 아들로 보이는 두 사람이 서로 등을 밀어주는 모습이 보였다. 그 분들도 등을 밀어주면서 부자간에 이런저런 얘기를 나누고 있는 듯했다. 그 모습을 보니까 괜스레 흐뭇한 미소를 짓게 되었다.

하늘 아버지께서는 우리가 세상을 살아갈 때 육신의 아버지를 통해서 세상에 태어나게 하셨다. 육신의 아버지가 마련한 포근한 가정에서 건강하게 잘 자랄 수 있도록 의식주를 공급받게 하셨다. 게다가 그곳에서 우리는 사랑과 책임감을 배운다. 가정은 하나님의 사랑을 눈으로 보고 경험할 수 있는 좋은 체험학습의 현장이다. 아버지는 그곳의 리더로 하나님으로부터 부르심을 받았다.

육신의 아버지가 주는 헌신적인 사랑을 통해 하나님 아버지의 사랑이 있음을 깨닫게 된다. 그러나 육신의 아버지도 인간이기에 그가 주는 사랑에는 분명 한계가 있다. 다치면 아프고, 힘든 일을 겪으면 스트레스를 받는다. 그렇지만 자식을 포기하지 않고 아버지의 역할에 충실하게 되면 가정이 바로 세워지고 풍성함을 누리게 된다.

오늘을 살아갈 수 있는 것은 하나님 아버지께서 허락하신 육신의 아버지 덕분이다. 우리 아버지가 내 아버지라서 고맙고 감사하다. 덕분에 내가 부족함 없이 건강하게 지금까지 성장할 수 있었다. 그 고마움을 제때 표현 못해서 늘 죄송하다. 우리 아버지가 건강하고 오래오래 행복하게 사셨으면 좋겠다.

"네 부모를 공경하라 그리하면 네 하나님 여호와가 네게 준 땅에서 네 생명이 길리라. (출애굽기 20:12)"

05

처음에는 다 그런 거야

"여기 지금 몇 개 했어?"

"하나, 둘...... 총 다섯 개입니다."

"지금 빨리 가서 수거해와!"

그 말을 듣고 나서 부리나케 공장 내부를 달리기 시작했다. 팀장님과 사다리 작업을 함께 했던 민성이가 쫓아오며 말했다.

"형님. 호스걸이 어디에 설치했는지 기억하세요?"

"응. 기억하고 있다. 1층 3개, 2층 2개."

다급하게 대답하고는 둘이서 숨 가쁘게 공장을 뛰어다녔다. 정말이지 오늘 내게 이런 급박한 사태가 벌어지게 될 줄 꿈에도 생각 못했다.

2019년 4월의 어느 날, 오전 8시 30분. 오늘도 어김없이 시간 맞춰 사무실로 출근했다. 사무실에 도착하니 중앙에 고소 작업에 쓰는 안전띠가 2개 놓여있는 것이 보였다. 알고 보니 오늘 XX 공장에 들어가서 포소화약제가 든 탱크에 도색작업을 할 예정이었다. 지난번에 사둔 소방호스걸이를 챙겨서 차에 실으라는 팀장 말을 듣고, 1층 창고 안으로 들어갔다. 소방호스걸이가 담긴 종이박스를 찾아서 들었는데, 쇠로 만들어져 있어서 묵직했다. 소방호스걸이를 차에 싣고 난 후에 팀장, 민성과 함께 XX 공장으로 갔다.

오늘 우리가 가는 XX 공장은 종이를 만드는 공장이었는데 울산에서는 꽤 규모가 큰 편이었다. 공장에 도착한 우리는 대기를 했고, 팀장은 안전담당자를 만나서 업무에 관한 이야기를 나누러 사무실로 갔다. 그리고는 얼마 뒤 담당자와 함께 나온 팀장과 차를 타고 1공장 앞에 도착했다. 마침 생산파트에서도 작업자가 왔고, 그 사람에게도 1, 2공장에 소방호스걸이를 설치한다는 이야기를 팀장이 전달했다. 탱크 도색작업과 소방호스걸이 설치작업. 두 가지를 오늘 하루에 하기에는 시간이 오래 걸릴 것 같았다. 그런 생각을 하는 중에 팀장과 안전담당자의 대화를 들었다.

"팀장님. 도색작업도 해야 하는데 이거까지 하면 오늘 내로 다 하겠습니까?"

"도색작업은 저랑 민성이가 할 거고, 호스걸이 작업은 이 친구가 할 겁니다."

팀장님의 손가락이 나를 향해 있었다. 그걸 본 안전담당자가 말했다.

"이분이 한다고요? 일하신 지 얼마 안 되신 분 같아 보이는데 혼자서 되겠습니까?"

그렇지만 팀장님은 아무 문제없다는 표정으로 말했다.

"어려운 거 아니니까 혼자 할 겁니다. 영진아. 이거는 너 혼자서 해라."

한 번도 해보지 않은 일을 나 혼자 하라니. 조금 어이가 없긴 했는데 뭐 어쩌겠는가. 위에서 시키면 응당 할 수밖에 없는 것이 신입사원이지 않은가. 그래도 혹시 모르니 방법을 가르쳐달라고 했다. 처음에는 호스걸이 설치하는 법을 배웠다. 그 후로는 혼자 설치작업을 하게 되었고, 팀장님과 민성은 도색작업 하러 다른 곳으로 가버렸다. 아무튼 공장 설계도면과 소방호스걸이를 들고 이곳저곳을 다니면서 설치작업을 하게 되었다.

그날은 입사하고 XX 공장을 세 번째 방문하는 날이었는데, 처음 올 때부터 느낀 거지만, 내부구조가 생각보다 꽤 복잡했다. 처음 왔을 때도 혼자 작업장으로 찾아가는데 상당히 헤맸던 것으로 기억한다. 이번에는 호스걸이 작업을 맡았지만, 캐드로 작성된 도면 보는 것이 익숙하지 않아서 업무가 쉽지 않았다. '뭐 도면 보면서 첫 위치만 잘 잡으면 되겠지' 라며 스스로 격려하며 작업을 했다.

1공장, 2공장 구역이 있는데 1시간 이내에 끝내라고 팀장님이 부담을 주고 가서 마음이 편하지 않았다. 어쨌든 빨리하겠다는 일념으로 처음 설치한 곳을 중심으로 소화전을 찾아다니며 작업을 했다. 어떤 구역은 쉽게 교체했지만, 소방 앵글밸브와 호스 접합부가 오래되어 굳어진 구역은 혼자서 작업이 불가했다. 결국 그곳은 포기하고, 나머지 다른 장소로 이동해 설치작업을 이어갔다.

점심을 먹고, 쉴 시간 없이 작업을 다시 시작했다. 이번에는 파이프렌치를 가지고 고착되어 설치 못 한 곳으로 되돌아가 재설치 하려 하니 3곳 중의 2곳은 아무리 힘을 주고 때려보아도 꿈쩍도 하지 않았다. 잘못하면 앵글밸브가 부서질 수도 있어 다시 보류하고 2공장으로 갔다. 그런데 여기서 문제가 발생했다. 도면을 보는데 정말 헷갈렸다. 팀장님에게 전화해서 이런저런 상황을 설명하니 그냥 알아서 해보라고 한다. 더 혼란스럽고 막막했다. 아무튼, 전화할 상황이 아닌 듯해서 할 수 없이 혼자서 작업을 이어갔다.

옥내소화전 번호가 적힌 종이를 들고 2공장을 돌아다녔다. 도면을 보면 볼수록 헷갈렸다. 혼자 쉬지도 못하고 열기로 가득한 공장을 돌아다니니 땀도 나고 지쳐갔다. 물 마시고 싶은 생각도 간절했다. 그래도 일을 마무리 짓고 마셔야지 하는 생각에 계속 옥내소화전을 찾아다녔다. 결국, 시간은 부족한데 혼자 찾을 수 없어서 생산파트 작업자에게 전화를 걸었다. 그때가 4시 30분이었다.

잠시 후, 생산파트 작업자가 찾아왔고, 공장 위치가 헷갈린다고 말해주었다. 도면을 보여주며 찾기 어려운 위치를 설명하는데, 생산파트 작업자가 말했다.

"지금 설치하고 계신 곳은 2공장이 아니라 1공장인데요?"
"네?"

처음에는 잘못 들었는지 알았다. 다시 물어보니 지금 있는 곳이 1공장이라고 했다. 결론을 말하자면 나는 오전 내내 도면을 바꿔보면서 호스걸이를 설치 해왔다. 지금 내가 있는 곳이 2공장이라고 생각했는데, 1공장이었을 줄이야. 큰일이다 싶어서 얼른 팀장님에게 전화했다. 전화를 끊고 팀장님과 민성 그리고 안전관리담당자가 1공장 앞으로 오게 되었다. 자초지종을 팀장에게 설명하니 설치했던 구역으로 다시 가서 호스걸이를 수거하라는 지시사항을 받게 되었다.

결국, 오늘 내가 했던 작업은 다음 주 목요일에 다시 하기로 했다. 오늘 내가 작업한 일은 물거품이 되고야 말았다. 사지에 힘이 빠지고 어깨가 축 처졌다. 공장을 빠져나오면서 오만가지 생각이 들었다. '병신같이 생각만 안 했어도 일을 복잡하게 만들진 않았을 텐데....... 대체 너 오늘 한 게 뭐냐?' '아. 좀 더 일찍 전화해서 물어봤으면 이런 사태가 안 벌어졌을 텐데. 처음에 생산담당자 만났을 때 모른다고 하면서 도면하고 공장 위치 제대로 물어볼걸.' 하며 실수와 무지함 속에 빠져 자신을 비하했다. 안 그래도 일하기 싫은 마음이 더 위축되고 마음은 새까맣게 타들어 갔다. 또한, 함께 일하는 팀장님이나 민성이 뿐만 아니라 공장 관계자에게도 실망감을 안겨준 거같아 한동안 고개를 들 수 없었다.

집에 돌아와서 오늘 일에 대해, 원인을 다시 찬찬히 생각해봤다. 처음 맡은 일이니, 정확하게 모르는 것은 당연하다. 팀장님이나 담당자가 제대로 설명 안 해줘서 그렇다고 남 탓 할 수도 있었지만, 그것은 자신의 잘못을 인정하지 않는 죄 된 본성이라서 합리화하기 싫었다. 근본적인 잘못은 자신에게 있다고 여겼다. 그러니 그냥 솔직하게 얘기하고 일찍 담당자에게 연락해서 작업 방향을 잡았다면, 일이 그렇게 틀어지진 않았을지도 모른다. 앞으로는 비슷한 상황에 마주하게 된다면, 욕을 먹는 일이 있더라도 정확히 이해할 수 있도록 빨리 물어보고 행동해야겠다고 생각했다.

완벽하게 일을 해낸 건 아니지만 이리저리 바쁘게 뛰어다니느라 고생한 나 자신에게 말해주고 싶다. '오늘 참 수고 많았어. 앞으로 더 잘할 테니까 기죽지 마! 혼자서 이걸 했으니까 넌 참 대단하다. 처음에는 다 그런 거야. 실수할 수도 있으니까 기운 내!' 라고 말이다. 결과가 어쨌든 오늘 하루에 대해 노력하고 최선을 다한 건 사실이다. 그것만 놓고 보자면 이전보다 한 걸음 더 나은 사람이 된 게 아닐까? 하나님께서도 우리에게 완벽을 요구하시기보다는 주어진 상황에 최선을 다할 것을 요구하신다. 그러니 오늘 수고하고 땀 흘린 나를 안아주시는 주님을 바라보는 건 어떨까. 그러니 자신을 비난하거나 깎아내리지 말고 좀 더 칭찬하고 세웠으면 좋겠다. 그러면 내일의 삶은 한층 더 가벼워진 마음으로 살아갈 수 있지 않을까. 고단한 삶을 살았던 고린도 교회 성도들을 격려하기 위해 바울 선생은 다음과 같은 말씀을 했다.

"그런즉 누구든지 그리스도 안에 있으면 새로운 피조물이라 이전 것은 지나갔으니 보라 새것이 되었도다. (고린도후서 5:17)"

06

왼손 좀 쓰면 어때?

———

"또! 또! 왼손으로 하제! 오른손으로 해라."

"아. 또 그러신다. 왼손이 편한데……"

"이놈아. 젓가락질은 똑바로 해야지. 오른손으로."

식사 중에 한 번씩 나오는 아버지의 한 마디. 대화에서 알 수 있듯이 나는 항상 식사할 때마다 왼손으로 젓가락을 사용한다. 잡는 방법도 정석이 아닌 검지와 중지 사이에 엄지손가락을 넣어서 사용한다. 왼손 사용은 어릴 적부터 시작되었다.

형 덕분에 뭐든지 늘 형이 처음 배우는 걸 항상 옆에서 보면서 성장했다. 한글부터 시작해서 덧셈, 뺄셈을 형이 배우는 모습을 보고 따라 했고, 형이 눈물겹게 구구단을 외울 때 옆에 있던 덕분에 미리 구구단 선행학습을 하기도 했었다. 어쨌든 덕분에 초등학교 들어가서도 수월하게 구구단을 외우게 되었다.

젓가락질도 선행학습 한 내용 중 하나라고 볼 수 있다. 요즘은 젓가락질을 어릴 때부터 가르치기 위해 유아용 젓가락이 있지만, 내 유년 시절에는 그런 편리한 도구는 없었다. 아무튼 형이 열심히 부모님이 가르쳐 준 대로 오른손으로 젓가락질을 배울 때 나도 같이 따라 했던 것 같다. 고사리 같은 작은 손으로 긴 쇠막대기를 붙잡고 물체를 집는 행위가 낯설었다. 오래 잡고 있으니 손도 아팠다. '어떻게 하면 좀 더 쉽게 젓가락을 잡을 수 있을까?' 하며 생각해보다가 왼손으로 바꿔 쥐고 사용해봤다. 그랬더니 한결 젓가락질이 쉽고 편해졌고 자신감이 생겼다. 물론 정석을 따른 젓가락질은 아니었지만, 그때부터 자신 있게 왼손으로 젓가락질을 해댔다.

"철아. 이렇게 해 보라니까. 이렇게."

엄마가 가르쳐 준 대로 형은 오른손으로 젓가락질을 힘겹게 하고 있는데, 나는 아랑곳하지 않고 자신감 있는 어투로 말했다.

"아이참, 형아. 이렇게 하라니까 나처럼. 봐봐! 나 잘하지?"

지금 생각해보니까 그저 웃음만 나온다. 분명히 틀린 방법인데 그걸 따라 하라고 형에게 왼손 젓가락질을 보여주었으니 형은 나를 어떻게 생각했었을까. 그런데 그때 형은 내 말을 무시하고 오른손 젓가락질을 잘 배워서 지금도 젓가락질을 잘하고 있다.

그러던 어느 날, 집에서 자장면을 시켜 먹는데, 평소처럼 왼손으로 자장면을 먹으려고 했다. 형이 왼손 젓가락질은 잘못되었다며, 자신의 오른손으로 내 왼손을 붙잡고 본인이 왼손으로 자장면을 먹었다. 그 모습을 본 부모님은 박장대소했고, 형과 나는 둘 다 낑낑대면서 자장면을 먹었다.

왼손잡이는 오른손을 사용하는 문화에서 사회적 통념을 벗어난 습관이다. 우리 한민족은 오래전부터 오른손 사용을 권장해왔다. 글씨를 쓸 때도 오른손으로 붓을 잡고 글을 썼으며, 밥을 먹을 때도 오른손으로 젓가락질을 해왔다. 심지어 무인들도 검을 잡을 때는 오른손으로 검을 잡고 적군과 싸우지 않았던가? 그건 사극을 봤던 누구라도 추측해볼 수 있다.

왼손으로 시작한 젓가락 사용은 지금도 계속되고 있다. 항상 왼손으로 밥을 먹을 때마다 아버지께 잔소리를 들었지만 쉽게 고쳐지지 않는다. 속담에 세 살 버릇 여든까지 간다는 말이 정말 맞나보다. 성인이 되어서도 공들이지 않아도 왼손사용이 자연스럽게 되니 말이다. 아무튼 어느 시점부터는 아버지의 잔소리가 듣기 싫어서라도 어떻게든 오른손을 사용하지 않으면 안 되겠다는 생각이 들었다. 중학교 때부터 열심히 오른손으로 젓가락질을 연습을 해왔고, 지금은 오른손, 왼손 둘 다 자유롭게 젓가락 사용이 가능해졌다. 그런데도 왼손이 더 편하기에, 혼자 밥 먹거나 급하게 먹을 때는 늘 왼손을 사용한다.

왼손잡이여서 불행한 적은 없었다. 아니 오히려 왼손이 도움이 된 적도 있다. 고등학교 1학년 시절 친구들과 밖에서 밥 먹고 들어온 적이 있었다. 저녁 시간이었는데 학교 급식을 먹고 친구들과 공업탑에서 볼일을 보고 학교로 돌아오는 길이었다. 지금은 없지만, 그 당시 오는 길에 S 고등학교 근처 문구사 앞에는 펀치머신이 하나 있었다. 그걸 보고 친구들은 펀치머신을 쳐서 누가 더 점수를 많이 내나 내기하자고 했다. 진 사람이 닭꼬치를 사기로 하고 한 명씩 펀치를 쳤다. 내 차례가 되었다. 자신 있게 오른손을 주먹 쥐고 펀치를 휘둘렀다. 그런데 아뿔싸! 엄지손가락이 펀치머신에 먼저 닿아 버렸다. 결국 엄지손가락을 다쳐서 병원에 가게 되었고, 인대가 늘어났다는 진단을 받아 깁스하게 되었다.

그런데 한 가지 문제가 생겼다. 내일 2교시가 국어 수업이었는데 하필 학생부장 선생의 수업 시간이었다. 그는 그 당시 학교에서 무서운 호랑이 선생으로 유명했다. 지금은 학교문화가 많이 바뀌었지만, 그 당시만 해도 말 안 듣는 학생에게는 매가 약인 시대였다. 연세 많으신 선생은 학교에서 소문난 호랑이 선생이었는데, 학생이 말을 안 들으면 자주 손찌검을 했다. 뺨을 때리거나 아니면 라이터로 머리를 찧는 일도 있었다. 뺨은 안 맞아봤지만, 라이터로 머리를 한 번 맞은 적이 있었는데, 아파서 저절로 인상이 구겨졌고, 머리에 혹이 날 정도의 고통을 느꼈다. 아무튼 우리 반 친구들은 그 선생에게 걸리지 않으려고 무진장 애를 썼다. 수업 중에도 내용을 필기하는 시늉이라도 안 하면 얻어맞기 일쑤였으니 조심할 수밖에 없었다. 그 선생 수업이 내일이어서 내 마음이야 오죽했겠는가. 젓가락질은 왼손으로 할 수 있다지만, 필기만은 오른손으로 해왔던 터라 무척 난감했다.

다음날, 드디어 그의 수업 시간이 다가왔다. 수업이 시작되었고, 샤프를 잡으니 오른손이 아팠다. 게다가 마음대로 민첩하게 움직여 주지 않았다. 방법을 잠시 고민하다가 왼손으로 한번 글씨를 써보기로 했다. 샤프를 왼손으로 바꿔 쥐고 글을 써보았다. 글씨가 생각만큼 예쁘게 써지지는 않았지만, 몇 분 써보니 적응이 되었다. 깁스한 오른손보다 글을 빠르게 적었다. 왼손 덕분에 수업 시간을 무사히 넘길 수 있었다. 라이터로부터 머리를 보호할 수 있었으니 참 다행이었다.

성경에도 왼손잡이가 한 명 등장한다. 바로 구약시대에 활동했던 사사라 불리는 지도자 '에훗'이다. 이전 사사였던 옷니엘이 죽고 난 뒤 이스라엘 백성은 또다시 하나님 보시기에 악을 행한다. 그래서 하나님께서는 모압 왕 에글론을 강하게 하셔서 열여덟 해 동안 이스라엘 백성이 압제를 당하게 하셨다. 백성이 여호와께 부르짖으니 하나님께서는 에훗을 사사로 세우셨다. 그는 베냐민 사람 게라의 아들이었는데 왼손잡이였다. 어떤 이유에서 왼손잡이가 되었는지 잘 모르지만 아마도 오른손을 사용하는데 불편한 사람이거나 오른손을 못 쓰는 불구자였을 수도 있다. 왼손을 능숙하게 사용하는 사람이었던 에훗은 에글론에게 조공을 바치는 일을 했다. 항상 왼손에 칼을 찼던 그는 에글론을 만날 때에 경비병에게 무장해제를 당했다. 여러 차례의 조공을 바친 에훗은 결국 에글론의 신뢰를 얻게 되었다.

어느 날, 신뢰를 얻은 에훗은 독대를 청했다. 흔쾌히 독대에 응한 에글론은 사람들을 물러가라고 명한다. 에훗은 전할 말이 있다고 가까이 가게 되었고, 에글론은 그의 좌석에서 일어나게 된다. 그 순간 에훗은 왼손을 뻗어 오른손에 있는 길이 약 40cm 되는 칼을 빼어 에글론의 배를 찌른다. 얼마나 깊게 찔렸는지 칼자루가 뚱뚱한 에글론의 배를 뚫고 그 끝이 보일 정도였으니 말이다. 그렇게 왕을 살해한 뒤 에훗은 재빨리 다락문을 걸어 잠그고 탈출했다. 탈출한 에훗은 이스라엘 자손과 함께 모압 사람 약 만 명을 죽이고 승리하게 된다. 그의 활약 덕분에 이스라엘은 팔십 년 동안 평온함을 누렸다.

모압 왕 에글론을 방심하게 하고 예상치 못하게 오른손이 아닌 왼손으로 습격을 가할 줄을 누가 상상이나 했을까. 당대에 칼을 사용한 군인이 모두 오른손잡이임을 가정한다면 왼손잡이는 정상은 아니었을 것이다. 심지어 그의 조상이 오른손의 아들(행운의 아들이라는 뜻도 있음)이라는 별명을 가진 베냐민 족속이다. 자신의 가문 사람 중에서 오른손을 사용하지 못하고 왼손을 사용할 수밖에 없었던 에훗은 자신을 보며 불행을 느꼈을지도 모른다. 인정받고 싶지만 그러지 못해 늘 괴로웠을 것이다. 그런데 하나님께서 그의 왼손을 이스라엘의 구원을 위해 사용하셨다. 누구에게도 인정받지 못했던 에훗이었지만, 그의 숙련된 왼손 찌르기를 통해 이스라엘은 80년의 평화를 누렸다. 게다가 그는 백성의 지도자가 되어 백성으로부터 인정받게 되었다.

하나님께서 쓰고자 하시면 쓸모없는 것은 아무것도 없다. 사람도 마찬가지다. 왼손잡이 에훗이 그랬던 것처럼 자신이 보기에도, 타인보다 쓸모없어 보이는 자신만의 습관이나 행동이 있을 수 있다. 남들은 바꾸고 고치라 하는 나만의 습관들. 거기서 벗어나 사회에서 그들이 추종하는 정해진 룰을 지키라는 말을 우리는 수없이 들으며 자라왔다. 그러나 하나님께서는 죄 된 습관이 아닌 이상 그렇게 관습을 강요하지 않으신다. 오히려 각자가 가진 다양성과 인격을 존중해주시고, 약점마저도 강점으로 사용하신다. 타인이 보기에 거북한 습관, 심지어 그게 장애일지라도 주님께서는 그것조차 선하게 사용하신다는 사실을 기억했으면 좋겠다.

"건축자가 버린 돌이 집 모퉁이의 머릿돌이 되었나니 이는 여호와께서 행하신 것이요 우리 눈에 기이한 바로다. (시편 118:22~23)"

07

피조물과 함께 살아가는

예수님을 믿고 살아가는 신자들은 자연(自然)을 피조세계(被造世界) 또는 피조물(被造物)이라고 한다. 자연은 한자 그대로 '스스로 그럴듯하게 생겨난 것'이라고 풀이할 수도 있는데, 다윈의 진화론을 믿는 사람이라면 그렇게 이해하는 건 당연하다. 그러나 하나님을 주님으로 섬기는 사람이라면, 그분에 의해 모든 만물이 창조되었기 때문에 '피조'라는 말을 사용하는 것이 더 적절한 표현일 것이다. 그래서 나는 하나님 지으신 피조세계를 사랑하며, 그 속에서 어떤 섭리로 세계가 운영되는지 이해하려고 애쓰고 있다. 그러한 관점을 갖게 된 분명한 계기를 지금 이야기해보려고 한다.

2017년 5월 중순이었다. 밤 10시가 되어 도서관에서 공부를 마치고 귀가 중이었다. 이미 어두워진 거리, 시원한 밤공기를 들이키며 집으로 향하는 발걸음은 상쾌했다. 도서관 근처 초등학교 정문을 지나는데, 갓난아기의 소리 같은 가냘픈 울음소리가 들리기 시작했다.

"야옹~!"

분명 새끼고양이가 우는 소리였다. 동물을 사랑하는 나는 고양이를 좋아한다. 길을 걷다가도 길고양이가 보이면 쭈그리고 앉아서 한 번씩 말을 건네고는 했는데, 길고양이를 볼 때마다 군대 생활 말년을 보낼 때 주워서 돌봐준 고양이가 생각난다. 사료를 사다 먹이고 모래 화장실을 구매해 대소변을 가리게 하기도 했고, 목욕도 손수 해주면서 고양이의 매력에 푹 빠져버리게 되었다. 울산 집에서는 키울 수 없기 때문에 전역하는 날, 대구의 한 가정에 입양을 보내며 아쉬워하기도 했다.

아무튼 울음소리의 정체가 어떤 귀여운 녀석일까 궁금해서 참을 수 없었다. 울음소리가 들린 장소 근처에서 주위를 살폈다. 그런데 가까이 가니까 울음소리가 멎었다. 몇 미터 떨어져 있으니 다시 울음소리가 들렸다. 어떤 녀석인지 더욱 궁금해졌다. 주변에 있는 물체들을 유심히 살피면서 고양이가 숨을 만한 곳을 찾았지만, 도무지 감이 안 잡혔다. '하수구 밑일까?', 아니면 '깊은 풀숲일까? 하다가 순간 폐타이어 하나가 눈에 띄었다. 휴대폰의 플래시를 비추어 보니 노란색 페인트칠이 된 폐타이어가 보였다. 문득 생각해보니 바퀴가 들어가는 폐타이어 안쪽에 약간의 공간이 있을 것 같았다. '에이 설마.' 하며 폐타이어 안쪽에 손가락을 쓱 대보았다. 순간 보드라운 털이 만져지는 것을 느꼈다. 그 즉시 손바닥으로 잡아챘다. 그랬더니 새까맣고 앙증맞은 녀석이 튀어나왔다. 플래시를 가까이 대고 보니 파랗고 동그란 눈동자를 지닌 새끼고양이였다.

"안녕~! 거기서 뭐 하고 있었니? 너 엄마는 어디 가고 애처롭게 울고 있냐?"
"야옹. 야옹."

그 자리에 잠시 내려놓아 봤다. 신기하게도 도망가지 않았다. 이번에는 내려놓고 일정 거리를 두고 지켜봤다. 도망가서 원래 타이어 속으로 들어갈 줄 알았는데, 가만히 그 자리에 있었다. 그러더니 잠시 후, '야옹' 하면서 이내 내가 있는 곳으로 왔다. 심지어 다리 밑으로 기어 와서 숨죽이며 웅크리기까지 했다. 왠지 어미를 잃어버린 것 같은 느낌이 들었다. 혹시나 해서 다시 떨어뜨려 놓으니 울면서 되돌아왔다. 그것을 본 나는 '이 녀석을 내일 보호소에 데려다줘서 좋은 주인이 키우도록 해야겠다.'고 생각했다.
새끼고양이를 손으로 집어 들어서 안았다. 땅에서 발이 떨어지니 불안한지 발버둥 쳤다. 바람막이를 입고 있었는데 옷 속에 고양이를 집어넣었다. 심리적 안정감을 찾았는지 이번에는 울지 않고 얌전했다. 바람막이 지퍼를 턱밑까지 올렸다. 천천히 걸어서 집에 도착하니 저녁 11시가 지났다. 오늘은 왜 이리 늦었냐는 엄마의 질문에 대답했다.

"실은 이 녀석 때문에......"

품속에 있는 작은 고양이를 꺼내 보였다. 그걸 보더니, 엄마는 기겁하며 말했다.

"그거 뭐 하려고 주워오노. 갖다 버려라."

그렇지만 나는 꿋꿋하게 대꾸했다.

"안돼요. 어미 잃어버린 것 같은데 오늘만 데리고 있다가 내일 보호소에 데려다줄게요."

그랬더니 엄마는 단호한 어조로 말했다.

"원래 있던 대로 갖다 놓아라."

"아. 오늘만 제가 돌볼게요."

서른이 넘은 다 큰 성인이지만 그때는 떼쟁이 어린이처럼 굴었다. 영문을 모르고 잡혀 온 녀석은 자리가 영 낯선지 연신 울어대기만 했다.

"야옹."

집에서 버리려고 내놓은 작은 정사각형 스티로폼 박스를 가져와서 새끼고양이를 그 속에 넣어주었다. 편히 쉬라고 뚜껑도 덮어주는데도 자꾸 나오려고 작은 발톱을 세워 냥냥 펀치를 날린다. 하는 수 없이 뚜껑을 덮고 못 나오게 무거운 물체를 올려놓았다. 그렇게 몸부림치던 녀석이 어느 순간 조용하다. 잠시 뚜껑을 살짝 열어보니 녀석은 잠을 자고 있었다. 박스를 다시 덮고 바깥 통로에 내놓았다. 옷을 갈아입고 씻고 잘 준비를 하는데, 뭔가 내가 고양이에 대한 지식을 많이 부족한 것을 느꼈다. 노트북 전원을 켜고 고양이에 대한 정보를 찾기 시작했다.

'어미를 잃은 고양이는 어떻게 하면 좋을까?'

인터넷에서 자료를 찾아서 읽어봤다. 알고 보니 고양이는 보통 봄에 발정기가 와서 짝짓기하고 나면 초여름 즈음에 아기고양이들이 많이 태어난다고 한다. 그 시기에 갑자기 고아가 되는 새끼가 많다는데 이유는 분명했다. 원래 어미는 항시 아기고양이를 곁에서 돌본다고 한다. 평소 어미는 새끼에게 젖을 먹이고, 핥아주며 지극정성으로 보살피다가 먹이활동을 하기 위해 잠시 새끼를 자신만의 은신처에 혼자 둔다. 은신처 주변에서 먹이활동 중에 어미와 새끼는 울음소리로 자신들만 알아들을 수 있는 신호를 주고받는다는 사실을 알게 되었다. 그 사실을 모르는 사람은 처량하게 우는 새끼를 보면서 어미 잃은 고양이로 착각해서 무작정 집으로 데려오거나 동물보호소에 맡긴다고 한다.

말로는 구조지만 사실 어미 고양이 입장에서 보면 인간이 자신의 아이를 납치한 꼴이 된다. 그렇게 새끼를 잃어버린 어미는 얼마간 새끼를 애타게 찾다가 어느 순간 포기해버린다고 한다. 간혹 이를 알아차린 사람은 재빨리 새끼를 원래 있던 장소에 두기도 한다. 어미가 새끼를 알아보고 다시 돌보면 다행이지만, 사람 손을 많이 타버린 새끼는 어미가 알아보지 못한다고 한다. 자신의 새끼를 사람 손에 키워진 고양이로 인식해서 새끼가 눈앞에 있어도 돌보지 않는다고 한다.

그러한 습성을 알고 나니 어미 고양이와 새끼에게 미안한 마음이 들었다. 평화롭게 잘 지내던 고양이 가족의 천륜을 내가 억지로 끊어버리게 된 것이 아닌가 싶었다. 즉시 새끼를 원래 있던 곳으로 돌려보내는 것이 좋다고 판단해서 다시 옷을 갈아입고 새끼가 든 박스를 들고 나갔다. 새끼를 주웠던 장소로 가서 잠자는 새끼를 폐타이어 속에 도로 집어넣었다. 어두워서 켰던 플래시 조명을 끄고, 가만히 스티로폼 박스를 들고 조심스레 내려왔다. 그랬더니 얼마 안 있어서 새끼가 그 사실을 알아채고 울부짖기 시작했다.

"야옹! 야옹! 야옹!"

자신이 있던 원래의 장소로 돌아온 사실을 알았던 것인지 울음소리가 카랑카랑했다. 마치 납치된 자신이 돌아왔다고 어미에게 알리는 신호였는지, 혹은 잡혀 있다가 풀려났다는 안도감에 내는 소리인지 알 수는 없었다. 한편으로는 책임지지 못하고 버리는 인간에 대한 원망과 미움 섞인 울음소리가 아닌가 생각도 들었다. 어미가 나타날 때까지 다 지켜보지 못한 나는 얼른 그 자리를 빠져나왔다. 새끼 울음소리가 들리지 않을 만큼 집을 향해 달리고 달렸다.

집에 와서 잠자리에 누웠다. 잠을 청해보려 했지만, 마지막 새끼 울음소리가 생각나서 잠이 오지 않았다. 고양이의 습성을 이해하지 못하고 인간의 잣대로 오지랖을 부렸다고 생각하니 얼굴이 새빨갛

게 달아올랐다.

하나님께서는 인간을 창조하시기 이전에 모든 만물을 창조하시고 그들의 본성에 맞는 질서를 부여하셨다. 인간은 하나님의 가장 마지막 창조물이다. 그렇지만 이전에 창조된 어떤 것보다도 가장 하나님의 형상을 닮았고, 그 어떤 만물 중에 가장 주체적이고 지혜로운 존재로 창조되었다. 그래서 하나님께서는 인간이 자유의지로 얼마나 하나님을 따르는지 시험하시기 위해 선악과의 언약을 맺으셨다. 왜냐하면 인간이 가장 인간답게 살 수 있는 길은 하나님 명령을 순종하는 것이었기 때문이다. 그분은 이러한 질서를 인간에게 알려주시고자 하셨다.

그러한 속 깊은 창조주의 생각을 헤아리지 못하고, 명령을 어긴 인간은 결국 죄를 짓게 되었고, 죽음을 맞이하는 유한한 존재로 전락했다. 또한, 하나님께서 지으신 모든 만물인 피조세계도 인간의 죄로 인해 파괴되고 신음하게 되었다. 하나님과 인간의 관계가 깨어진 것으로 끝나는 것이 아니라 하나님과 인간, 피조세계와의 삼각관계도 철저히 파괴되었다. 그래서 인간은 환경을 소중히 생각하지 않게 되어 무분별하게 땅을 개발하고 지구를 오염시키게 된다. 결국 그 피해는 우리 인간에게 되돌아와 각종 질병에 노출되고 기형아를 낳게 되는 고통을 겪게 되었다. 어쨌든, 환경오염으로 인하여 피해를 보는 것은 우리 인간이다.

인간은 환경을 더는 파괴하지 말아야 한다. 태초에 맺어왔던 관계를 회복하도록 노력해야 한다. 하나님과 더불어 인간이 앞으로 누리게 될 완전하게 회복될 하나님 나라는 현재 신음하고 있는 피조세계 위에 세워지게 된다. 그러니 환경을 보존해야 하지 않겠는가. 내가 그랬던 실수를 누군가는 범하지 않았으면 한다. 더는 인간은 생태계에서 함부로 오지랖 부리지 말았으면 좋겠다. 이 땅의 모든 생물과 만물의 주인이신 하나님을 함께 찬양하면서 기쁨을 나눌 그날을 기대하며 살아가길 원한다.

"그 때에 이리가 어린 양과 함께 살며 표범이 어린 염소와 함께 누우며 송아지와 어린 사자와 살진 짐승이 함께 있어 어린 아이에게 끌리며 암소와 곰이 함께 먹으며 그것들의 새끼가 함께 엎드리며 사자가 소처럼 풀을 먹을 것이며 젖 먹는 아이가 독사의 구멍에서 장난하며 젖 뗀 어린 아이가 독사의 굴에 손을 넣을 것이라. (이사야 11:6~8)"

사랑이 필요할 때

66

엄마를 이 세상에 태어나게 하시고
그녀를 통해서 내가 세상에 존재할 수 있게 하신
하나님께 감사하며 살아가야겠다.
더 나아가 그 받은 사랑을 세상과 이웃에 전하여
선한 영향을 주고 싶다. 엄마를 통한 하나님의 깊은
사랑 덕분에 나는 오늘도 기쁘게 살아간다.

99

01

경제적인 문제로

아버지가 퇴직한 다음 해였다. 가족 중 유일한 수입원이셨던 아버지가 일을 쉬게 되면서 우리 가정은 돈 걱정을 할 수밖에 없었다. 엄마는 연로하신 할머니를 돌보기 위해 취득한 자격증으로 방문 요양보호사 일을 시작하셨다. 그 당시 나는 졸업까지 1학기 남겨두고 휴학 중이었는데, 진로를 고민하면서 경제문제를 생각할 수밖에 없었다. 지금껏 아버지가 일하면서 학비를 내주셨기 때문에, 이제는 혼자 벌어 쓰겠다고 말씀드리고, 매달 받던 용돈도 요구하지 않았다.

그러나 당장은 풀타임으로 일할 수 없었다. 휴학하는 동안 IVF 리더와 평생교육원에서 심리 상담 수업 참여에 우선순위를 두었기 때문에 파트타임 일자리를 선호했다. 기회가 될 때마다 H사의 일용직

알바로 지원하여 가끔 용돈을 마련하기도 했는데, 집에서 울산대학교까지 자전거를 타고 다니면서 교통비를 아꼈다. 왜냐하면 아낀 돈으로 IVF 소그룹 동생들에게 밥 한 끼 사주면서 삶을 나누고 싶었기 때문이다. 그렇게 예수님께서 맡기신 사명에 충실히 살다 보니 어느덧 방학이 되었다. 이제는 진짜 진로 찾기에 집중해야 했기에 IVF 리더를 내려놓게 되었다. 아쉬웠지만, 본격적으로 공무원시험 준비를 하기 위해서는 어쩔 수 없는 선택이었다.

그런데 공부하면서 생계를 어찌 유지해야 할지 고민하다가, 우연히 인터넷에서 독서실 총무를 구하는 채용공고를 보게 되었다. 독서실은 집에서 20분 거리에 있었다. 공고문에 기재된 연락처로 전화해보니 면접을 보러 오라고 했다. 가서 면접을 보니까 부원장님은 울산대학교 출신이셨고, 울산대출신 학생에게 기회를 주고 싶다면서 한번 일해보라고 하셨다. 감사하다고 인사를 드리고 기쁜 마음으로 귀가했다. 다음날, 독서실 총무알바를 시작하면서 인수인계를 받았다. 그 당시 최저시급은 4,320원이었다. 비록 받는 급여는 적었지만, 무료로 독서실 자리를 배정받아 공부하는 점이 좋았다.

두 달 동안은 하나님께서 인도하신 곳이라고 여기며 매일 감사한 마음으로 일했다. 업무시간은 평일 저녁 6시부터 10시까지였다. 특이하게도 학원 업무와 독서실 업무를 같이 했는데, 학원 업무가 더 많았다. 주택관리사 수강생 출석 및 퇴실 체크, 강의실 청소와 화장실 청소가 주 업무였다. 또한, 교재 타이핑과 복사도 하면서 독서실 등록하러 오는 이용자를 응대해야 하니 조금 정신이 없었다. 거기다가 하는 일에 비해 받는 급여도 적은 게 아닌가 하는 생각까지 들었다. 심지어 토요일 같은 주말에 나와서 일할 때도 있었는데, 다 합해 봐야 한 달에 30만 원도 받을 수 없었다.

카운터에 앉아 골똘히 생각했다. 앞으로 공부를 계속하려면 공무원 수험서와 필요한 인터넷 강의를 구매해야 하는데 돈이 지금보다 더 많이 든다. 그러자면 풀타임 알바를 뛰어야 하는데, 그러자니 공부할 시간이 부족했다.

적은 시간에 돈 많이 버는 방법을 찾던 중에 알게 '퍼스XXX'이라는 재택 아르바이트를 알게 되었다. 하루에 1~2시간만 컴퓨터로 일하면 보통 한 건 정도 하게 되는데, 건당 수익이 10만 원이 넘는다고 홍보했다. 그 일이 좋아서 시작하려는데 조건이 하나 있었다. 반드시 다른 추천인을 통해서 아이디를 만들고 휴대폰을 개통해야 한다는 것이었다. 얼른 쉽게 돈 벌고 싶었던 마음에 새로 2년 약정 휴대폰을 개통했고, 기존 휴대폰과 함께 사용하게 되었다.

시작은 좋았다. 그런데 시간이 지날수록 홍보가 안 되고, 수익도 나지 않았다. 열심히만 하면 고수익을 보장하는 인터넷 홍보. 시간이 가면서 철석 같이 믿었던 신념이 의심으로 바뀌기 시작했다. 혹시나 하는 마음에 인터넷 검색을 더 자세히 해보니 '퍼스XXX'의 부정적 사례도 많다는 것을 알게 되었다. 그렇게 믿고 싶은 대로, 과장된 한 면만 보게 된 내 어리석음을 깨닫게 되었고, 결국은 회원을 탈퇴하면서 새로 개통한 휴대폰을 해지하게 되었다.

휴대폰을 해지하니 위약금 82만 원을 고스란히 떠안게 되었다. 지금껏 부모님 밑에 살면서 빚이라는 것을 져본 적이 없었다. IMF 시절은 물론, 아버지 병원에 입원해 있을 때도 이렇게 쪼들려 보진 않았다. 아무튼 평생 학생으로 살아온 내게 82만 원은 큰돈이었다. 총무 알바로 다달이 갚기에는 시간이 오래 걸릴 것이 분명했다.

매일 돈 갚을 생각을 하고 있으니 당연히 공부가 될 리 없었다. 심지어 돈을 쉽게 마련해 보려고 편의점에 가서 복권을 구입하기도 했다. 만일 당첨금을 받게 되면, 할부금을 쉽게 갚을 수 있고 당분간 돈 걱정 없이 편하게 공부할 수 있다는 생각에서였다. 그런데 매번 복권을 살 때마다 당첨은커녕 '꽝'만 나오기 일쑤였다. 결국, 복권 구매 비용만 날리고 남는 건 아무것도 없었다. 어쨌든 처량하고 불편한 신세를 얼른 벗어나고 싶어서 방법을 찾기 시작했다. 그러면서 하나님께 기도드렸다.

"하나님, 제가 돈에 눈이 멀어 욕심을 부렸습니다. 동전으로 복권을 긁으면서 일확천금을 노리는 자신을 돌아보니 추잡하다는 느낌을 받게 되었습니다. 깨닫고 나니 주님께 얼굴을 들 수가 없습니다.   이런 어리석은 저를 부디 용서해주시고 바른길로 인도해 주십시오. 이 사실은 부모님도 모릅니다. 그러니 이 빚을 부모님께 손 벌리지 않고 갚을 수 있도록 도와주십시오."

기도를 드리고 나서 며칠이 지났다. 울산대학교 홈페이지를 보니 산학협력단 소속인 산학기획재무팀에서 A급 근로 장학생을 모집한다는 공고를 보게 되었다. 하루 7시간 사무실에 상주하면서 지출 결의서를 정리하는 업무였는데, 평일 5일 출근하면서 기존의 총무알바보다 훨씬 많은 돈을 받을 수 있었다. 지체할 겨를 없이 이력서를 뽑아 해당 부서를 찾아가게 되었다.

사무실 앞에 도착해서 노크하고 근로 장학생 지원서를 담당자에게 정중하게 내밀었다. 그랬더니 중앙에 앉아있던 분이 나를 불렀다. 그러고는 본인 자리 옆에 의자를 갖다 놓으며 여기 앉아보라고 했다. 안경을 착용하고 흰머리가 약간 있는 분이었는데, 나이가 아버지보다 약간 적어 보였다. 아마도 그 부서에서 제일 높은 사람이 아닌가 생각되었다.

자리에 앉았더니 몇 가지 질문을 하였는데, 최대한 솔직하고 성실하게 대답했다. 근엄한 표정이셨던 그분은 고개를 끄덕이며 내게 말했다.

"그러면 자네 여기서 일하게 되면, 내년 8월까지 근무할 수 있다고?"

"네. 그렇습니다."

"나는 여기 팀장인데, 여기서 일하려면 자네한테 한 가지 당부할 게 있다."

"예. 말씀하십시오. 팀장님."

"머리 단정하게 잘라올 수 있겠나? 여기는 외부 손님들도 많이 오고 그러거든."

그 당시 나는 파마머리에 갈색으로 염색까지 해서 약간 눈에 띄는 헤어스타일을 하고 있었다. 말을 들어보니 헤어스타일을 깔끔히 정리하면 근로 장학생을 시켜준다는 말로 들렸다. 공들인지 한 달도 안 되는 헤어스타일이라 아깝다는 생각도 했다. 그런데 일 시켜주고 돈 준다는데 지금 헤어스타일 따위는 대수롭지 않았다. 헤어스타일을 포기하고서라도 근로학생으로 일하고 싶어서 자신감 있는 어조로 말씀드렸다.

"네. 단정하게 잘라오겠습니다."

"그러면 학생 다음 주 화요일부터 여기로 출근해라."

"네. 알겠습니다. 감사합니다."

그렇게 나는 11월 1일부터 산학기획재무팀 근로 장학생으로 일하게 되었다. 총무 알바는 갑자기 사정이 생겨서 일을 못하게 되었다 하고 그만두었다. 중간에 그만두게 된 사실이 원장님께 죄송한 마음이 들었지만 내 사정상 불가피한 상황이었다.

근로 장학금을 받아 매달 10만 원씩 갚으니 8개월 만에 위약금을 청산할 수 있었다. 게다가 직접 노력해서 버는 돈을 허투루 쓰지 않고, 알뜰하게 쓰다 보니 마지막 학기에 복학할 때도 남은 것은 용돈으로 사용하게 되어 궁핍하지 않게 무사히 졸업하게 되었다.

탐욕과 어리석음으로 인해 생애 처음 채무 생활을 경험했다. 그러나 하나님께서 내 기도를 들어주셔서 힘든 상황을 이겨낼 수 있었고, 더 나아가 인생에서 돈보다 하나님이 더 우선되어야 한다는 것을 뼈저리게 깨닫게 되었다. 예수님께서도 탐욕에 대해 말씀하셨다. 어느 날 유산을 형제와 자신이 나눠 갖게 해달라고 간청한 사람이 있었는데 그 사람을 꾸짖으시며 말씀하셨다.

"너희는 조심하여, 온갖 탐욕을 멀리하여라. 재산이 차고 넘치더라도, 사람의 생명은 거기에 달려있지 않다. (누가복음 12:15, 새번역)"

이어서 어리석은 부자의 비유를 말씀하시면서 재물의 부요함으로 사람의 생명을 대신할 수 없으며, 하나님에 대해 부요해질 것을 권면하셨다.

그렇다고 모두가 가난하게 살아가라는 말이 아니다. 그리스도인이라면 정당한 노동을 통해서 돈을 벌되, 욕심을 가지고 불법으로 돈을 버는 것을 경계해야 한다. '일하지 않는 자는 먹지도 말라.'는 말이 있듯이 무엇보다 지금 자신이 있는 곳에서 땀 흘려 성실하게 돈 벌기를 하나님께서 원하신다.

돈에 얽매이지 말고, 재물을 주신 하나님께 감사하는 마음으로 잘 사용하자. 그것이 매우 적은 돈이라도 겸손한 마음으로 쓰도록 하자. 왜냐하면 달란트 비유와 마찬가지로 그리스도인은 하나님을 대신하여 재물을 선하게 쓸 것을 허락받은 주님의 청지기이기 때문이다. 적어도 예수님을 믿고 하나님 나라에 소망을 품었다고 생각하는 사람이라면, 응당 그리해야 하는 것이 마땅하며, 그것이 진정한 그리스도인의 삶이라고 생각한다.

"오늘 있다가 내일 아궁이에 던져지는 들풀도 하나님이 이렇게 입히시거든 하물며 너희일까 보냐 믿음이 작은 자들아 그러므로 염려하여 이르기를 무엇을 먹을까 무엇을 마실까 무엇을 입을까 하지 말라 이는 다 이방인들이 구하는 것이라 너희 하늘 아버지께서 이 모든 것이 너희에게 있어야 할 줄을 아시느니라 그런즉 너희는 먼저 그의 나라와 그의 의를 구하라 그리하면 이 모든 것을 너희에게 더

하시리라 그러므로 내일 일을 위하여 염려하지 말라 내일 일은 내일이 염려할 것이요 한 날의 괴로움은 그날로 족하니라. (마태복음 6:30~34)"

02

내 주변 사람들

———

"형 뭐 받고 싶은 것 있어요?"

　　　　　　XX 박스에 볼일이 있어 온 민수는 생일 축하 선물로 무엇을 받고 싶은지 물었다.

"어....... 글쎄? 지금은 당장 생각나는 게 없는데."

혹시나 해서 한참 동안 매장을 둘러보았다. 그러다가 문득 눈에 띈 물건이 있었다. 다름 아닌 블루투스 키보드였다. 아는 작가님이 매일, 언제 어디서든 글을 쓰기 위해 블루투스 키보드를 사용한다고 들었던 기억이 났다.

"이거 한번 써볼까? 내가 아는 사람이 블루투스 키보드 쓰는 걸 봤는데 나도 한번 써보고 싶더라고. 접이식이었으면 좋겠는데…….”

그 자리에서 우리는 스마트 폰으로 블루투스 키보드를 검색하기 시작했다. 여러 제품을 하나하나 살펴보니 일체형, 2단 접이식, 3단 접이식 등등 종류가 다양했다.

"형. 내가 좀 더 찾아보고 나서 하나 해줄게요.”
"오! 진짜. 고맙다 민수야.”

내가 블루투스 키보드를 선물 받아서 글을 쓰는 상상을 해보았다. 무거운 노트북 대신 스마트 폰과 가벼운 키보드만으로 시간과 장소를 가리지 않고 내가 글을 쓴다. 가슴이 두근거렸다.

민수는 나와 함께 울산한빛교회를 오랫동안 함께 다녔던 친한 동생이다. 키는 나와 비슷하지만 듬직한 체구에다가 웃으면 애니메이션에 등장하는 호빵맨처럼 서글서글한 인상이다. 그와는 중고등부 시절부터 형, 동생 하면서 지금까지 10년 이상을 함께 지내고 있다.

민수에게는 재주가 하나 있다. 베이스기타를 학창 시절부터 배워서 연주하고 있는데 지금은 예배 찬양 시간 때마다 연주자로서 십수 년째 섬기고 있다. 대학 시절 전기전자공학을 전공했던 그는 지금은 현대자동차 협력업체에서 공무로 일하고 있다. 그래서 그런지 나랑 다르게 기계 다루면서 수리하는 것을 잘한다. 매사에 성실한 모습으로 살아가는 멋진 동생이라 내가 그를 신뢰하고 있다. 가끔은 내가 형이라서 이 친구의 섬김을 감사로 표현하지 못하고 당연히 여겨버려서 미안하기도 하다. 어쨌든 민수와 함께 같은 교회에서 신앙생활하게 돼서 참 감사하다.

일주일이 지났다. 태우는 내 생일이니까 오늘은 밖에서 점심을 먹자고 했다. 민수와 함께 무엇을 먹을지 고민하다가 결국 울산대학교 근처 찜닭 가게에서 찜닭을 먹기로 했다. 2층에 위치한 이곳은 내가 고등학생 때부터 먹어왔던 곳인데 맛이 괜찮다. 걸쭉하면서도 달짝지근한 국물, 쫄깃한 당면 그리고 적절하게 쪄진 찜닭을 공깃밥과 함께 먹으면 잊었던 식욕도 돌아올 것 같은 맛이다. 아무튼 찜닭 한 마리를 주문하고 기다리는 동안 태우는 잠시 전화 받기 위해 밖으로 나갔다.

"생일 축하해. 형"

그러면서 네모나게 생긴 물건을 건넸다. 일주일 전에 말했던 블루투스 키보드였다. 2단 접이식에 흰색 키보드였다. 손 한 뼘만 한 크기에 펼치면 두 뼘 정도가 되었다. 무게는 200g도 안 될 만큼 가벼웠다. 스마트 폰과 블루투스 연결하여 키보드를 두드리니 가벼워서 그런지 흔들리면서 탁탁 소리가 났다. 약간의 단점은 있으나 적응만 되면 쓸 만할 것 같았다.

"와~! 고맙다. 민수야. 진짜 잘 쓸게."

"응. 형 써보면서 어떤지 말해줘. 나도 나중에 태블릿 PC 쓰면서 블루투스 키보드 한번 써보게."

"응. 알겠다. 써보고 말해줄게. 고맙다."

밑반찬이 세팅되고 얼마 안 있으니 밖에 나갔던 태우가 들어온다. 그의 손에는 무엇인가 들려있었다. '오늘 생일'이라고 적힌 종이팩이었다. 생일선물인지 직감하고서는 배시시 웃으면서 능청스럽게 물었다.

"와~! 태우야. 니 손에 들고 있는 거 뭔데?"

"이거 니 생일선물이다. 축하한데이!"

종이팩을 건네받고 보니 'Marvle'이라고 적혀 있는 빨간색 상자가 보였다. 열어보니 뚜껑에 아이언 맨 캐릭터가 새겨진 텀블러가 나왔다. 생일이라고 기억해주고 선물을 준 태우가 고마웠다.

"이야~! 고맙다. 태우야. 이거 멋지다. 잘 쓸게."

　태우는 내가 서울 가기 전인 2013년도에 우리 교회에 처음 출석했다. 그때는 같은 나이 친구라는 사실만 알았을 뿐 가까워질 기회가 별로 없었다. 친해진 건 작년부터였다. 주일마다 민수와 재준 그리고 나는 오전 예배 후에 점심을 먹고 나면 오후 예배 전까지 남는 시간 동안 카페에서 커피 한잔을 했다. 재준이는 민수처럼 내가 아끼는 교회 동생이며, 민수와는 절친한 친구다. 그런데 작년인 2018년도 2월에 재준이가 사정이 생겨서 고향인 부산으로 가게 되었다. 셋이서 가던 카페를 둘이서 가니까 뭔가 허전했다. 그런 차에 우리 눈에 태우가 보이기 시작했다. 예배드리고 바로 집에 가는 태우. 그러던 어느 날, 태우와 같이 점심을 먹을 기회가 생겼다. 점심 먹고 집에 가려는 태우에게 민수와 나는 한마디 했다.

"우리 커피 마시러 가는데 태우 니도 같이 갈래?"
"그래? 어디 가서 마시는데?"
"요기 근처 조금만 내려가면 커피 마시는 데 있다. 거기로 갈 거야."
"커피 마시러 같이 가요 형."
"그래. 같이 가자."

그렇게 우리는 1년이 지난 지금도 함께 카페에서 친분을 나누고 있다. 알고 보니 태우는 참 괜찮은 친구였다. 대학을 나온 것은 아니었지만 사회생활을 일찍 시작해서 돈을 벌었다. 공장일과 장사, 휴대폰 사업 그리고 지금은 엔잭타 사업을 하면서 즐겁게 일하고 있다. 매사에 긍정적이고 열심히 산다. 바쁘게 일하면서도 매주 주일에 예배드리기 위해서 차를 타고 온다. 집이 북구 중산동이라 교회가 있는 남구까지 차 타고 와도 30~40분 걸리는데도 예배 안 빠지고 나오려고 노력한다. 혼자서 그렇게 한다니 대단하다. 참석 못 할 만큼 일이 바쁠 때는 어쩔 수 없다. 그래도 태우가 예배드리러 오기만 해도 반갑다. 개인이 말씀과 기도를 보는 것도 중요하지만 함께 예배하러 오는 것이 얼마나 귀한가.

그런 친구가 이렇게 선물까지 챙겨주고 하니 얼마나 고마운가! 심지어 내가 계산하려 했던 식사비도 태우가 내주었다. 굳이 그렇게 안 해도 되었는데....... 마음이 참 고운 친구다. 비록 하루가 지나서 받은 생일축하지만 즐거운 시간이었다.

그 외에도 나는 내 주변 사람들에게서 축하와 선물을 많이 받았다. 우리 가족은 물론 같은 목장 식구와 찬양 팀 식구 그리고 멀리서도 생일을 알고 축하 메시지를 보내주신 몇몇 지인들. 다 일일이 언급할 순 없지만 나를 사랑해주고 아껴주는 사람들이 있어서 참 감사하다.

이 모든 삶을 가능하게 하신 것이 하늘에 계신 하나님 아버지다. 예수님 믿는 집안에 태어나게 하시고 울산한빛교회에서 신앙생활 하게 하신 것, 그리고 함께 신앙생활 하면서 예수님을 알아가고, 서로 사랑하고 섬기게 사람을 허락하시고, 관계 맺게 하신 것이야말로 그리스도인이 누릴 수 있는 최고의 특권이 아닌가 싶다. 아무리 돈 많고, 명예를 누린다 한들 이런 복에는 견줄 수가 없다. 어쨌든 이왕 예수님 믿고 교회에 다니는 사람이라면, 이런 복을 잘 누렸으면 좋겠다.

살면서 외톨이라고 생각하는 사람이 있다면 망설이지 말고 교회로 나가보기를 권한다. 물론 모든 교회가 다 사랑이 넘쳐 보이고 친절해 보이지 않을 수도 있다. 왜냐하면, 예수님을 따라 사는 제자로 부르심 받았으나 모든 인간은 한계가 있기 때문이다. 그런데도 예수 그리스도의 사랑을 실천하려고 노력하는 사람이 교회에 많이 있으니 부디 낙심하지 말고 교회에 방문해보길 바란다. 부정적 시각으로 단점을 보려고 하면 끝도 없이 교회의 부족한 면만 보게 되겠지만, 조금만 마음을 열어 긍정적인 시각으로 바라보면 예수님의 사랑을 그들에게서 보게 될 것이다. 무엇보다 가장 중요한 사실 하나는, 예수님께서는 당신의 영혼을 소중히 여기시고, 환영하여 반기시는 분이심을 기억했으면 좋겠다.

"너희 중에 어떤 사람이 양 백 마리가 있는데 그 중의 하나를 잃으면 아흔아홉 마리를 들에 두고 그 잃은 것을 찾아내기까지 찾아다니지 아니하겠느냐. (누가복음 15:4)"

03

결국은 사랑입니다

"조금만 보고 잘게요."

    글쓰기를 고민하다가 갑자기 내 어린 시절이 고스란히 담긴 앨범이 보고 싶어졌다. 아버지, 엄마 방에 있던 낡은 핑크빛 앨범을 꺼내 펼쳐보았다. 유년 시절과 초등학생 시절의 사진들이 보이기 시작했고, 재미있는 추억들이 새록새록 떠올랐다.

  찬찬히 살펴보던 중, 한 사진에 내 시선이 꽂힌다. 할머니와 나, 두 사람이 찍힌 사진이었다. 장소는 경주 보문단지 코모도 호텔 부근에 있는 물레방아 근처였다. 화창하고 더운 날씨였던 모양이다. 꼬마였던 나는 흰색 반소매 티셔츠에 카키색 반바지를 입고 있었고, 한 손에는 밀크캐러멜을 든 채 할머니에게 안겨있었다. 그 당시 유행이었는지 타이츠 형식의 긴 양말을 신고 있었고, 정면을 응시하지 않고 무언가 신기한 게 있는지 아래를 내려다보고 있었다. 할머니는 흰색 챙 모자에 알이 큰 안경을 착용하시고, 흰색 긴 블라우스와 남색 꽃무늬 긴치마 그리고 흰색 고무신을 신고 계셨다. 한 손에는 갈색 지팡이를 쥐고 가락지를 낀 왼손으로는 내 턱을 감싸고 계셨다.

형과 나는 어릴 적부터 할머니랑 함께 살았다. 초등학교 다닐 적에 등교하면, 할머니는 항상 창밖으로 내다보며 우리에게 말을 건네셨다.

"차 조심하고 가로 가거레이."

도로를 걸을 때 차가 지나가니까 안전을 위해서 길가로 걸어가라는 말인데, 우리는 매일 들은 탓에 귀에 딱지가 앉을 정도였다. 밥먹을 때도 마찬가지였다. 밥 한 숟가락 떠서 반만 먹으면, 그렇게 먹으면 안 된다고 지적하고, 누워서 먹으면 소 된다고 못 하게 하고, 다리 떨면 복 나간다고 하셨다. 아무것도 아닌 잔소리를 많이 하셨다. 그 시절에는 귀찮기만 했던 할머니 잔소리지만, 지금은 조금 그립기도 하다.

할머니는 살아계실 적에 우리에게 아낌없이 사랑을 베푸셨다. 어린 시절, 우리는 방을 같이 썼는데, 밤이 되어 우리가 자고 있으면 할머니는 가만히 방으로 와서 우리 이마에 손을 대고 항상 기도해주셨다.

"하나님 아버지. 우리 영처리, 영지 훌륭한 사람 되게 해주시고 큰 인물 되게 해 주이소."

할머니는 매일같이 찬송을 부르고 성경을 읽으셨다. 책은 옛날의 개역 한글판 성경책이었는데, 세로로 글자가 인쇄되어 있었다. 돋보기안경을 쓰고 한 자 한 자 손으로 글자를 짚어 가면서 읽으셨는데, 양반집 규수 출신답게 운율을 실어서 소리 내어 낭독하셨다. 신앙이 두터우신 믿음의 사람이셨다.

할머니는 매우 건강하신 편이었는데 과거에 사고를 당했을 때 적절한 치료를 받지 못하셔서 허리가 굽어지셨다. 내 기억 속에는 허리 굽은 꼬부랑 할머니였지만, 거동하시는 데는 큰 문제가 없으셨다. 늘 건강하실 것만 같았던 할머니. 늘 건강하게 사실 줄 알았는데, 그 사건을 겪으시고는 그렇지 못하셨다.

2006년 11월, 할머니는 화장실을 다녀오시다가 문턱을 잘못 디뎌 넘어지셨다. 아파하시는 할머니를 모시고 병원에 가보니 엉치뼈를 다치셨다고 했다. 고통 때문에 신음하는 할머니를 뵈니 내 가슴이 턱턱 막혔다. 평생 고생만 하다가 또 아픔을 겪으셔야 했기에 손자로서 할머니가 안쓰러웠다. 병원에 입원하시고 시간이 지나니 감사하게도 뼈는 붙어서 회복이 되었지만, 다리를 못 펴고, 근육이 약해져 다시는 혼자 일어나지 못하게 되셨다.

그 후로 할머니는 계속 앉아서 지내셨다. 처음에는 요양병원에 할머니를 입원시켜 드렸다. 그런데 할머니는 우리에게 말도 안 건네시고 같은 병실을 쓰는 할머니들과 소통도 없으셨다. 자식들이 마치 자신을 버린 것은 아닐까 하는 서운한 감정이 든 것은 아니었을까. 아버지는 더는 그런 할머니의 모습을 볼 수 없으셨는지 2007년 설 연휴에 할머니를 다시 집으로 모셨다. 그랬더니 식사도 잘하시고 생기를 조금 찾은 듯 하셨다.

평소에 할머니는 성인용 기저귀를 차고 계셨다. 자식들이 대소변을 처리해주는 것이 미안하고 부끄러우셨는지, 우리 없을 때 몰래 혼자서 화장실을 이용하시기도 하셨다. 그 사실을 안 아버지는 할머니가 볼일 보러 변기에 앉으시거나 내려오실 때 크게 다치실 것을 염려하셨다. 할머니에게 안 된다고 주의를 드렸지만 혼자 하실 수 있다고 막무가내셨다. 그래서 아버지는 할머니를 위해 화장실 문에다가 문고리를 달아서 할머니가 화장실을 이용 못 하게 하셨다.

엄마는 할머니를 위해 아프신 어른을 돌보는 기술을 배우시고 요양보호사 자격증을 취득하셔서 집에서 할머니를 모셨다. 그러나 2009년 겨울, 할머니의 상태는 안 좋아져 집에서 10분 거리의 근처 요양병원으로 다시 입원하셨다. 몇 달 동안 우리 가족은 자주 할머니를 뵈러 병문안을 가곤 했는데, 오래 누워계셔서 그런지 할머니는 등과 엉덩이에 늘 욕창을 달고 사셨다. 그걸 보노라면 할머니가 안쓰러워서 나도 모르게 눈썹을 찌푸리기도 했다.

그렇게 몇 달이 지난 2010년 3월 어느 토요일에 할머니를 뵈러 요양병원으로 갔다.

"할매. 잘 있었나? 내 누고?"
"영지가?"
"맞다. 할매. 할매 작은 손자 영지. 오늘은 웬일이고."

지난달부터 할머니는 통 말씀도 없으시고 손자도 못 알아보셨는데 오늘은 나인지 단번에 알아보신다. 수척해진 할머니의 쪼글쪼글한 손을 잡아드리면서 할머니를 지긋이 바라보았다. 등과 엉덩이에 욕창이 생기셔서 매일 고통스러워하시는데 그날은 평소보다는 조금 평안한 모습이셨다. 할머니 간식도 챙겨드리고 곁에 앉아 있었는데 금요일부터 기독교 동아리 OT 행사에 참여하여 1박 2일을 쪽잠을 자며 신나게 보냈는지라 많이 피곤했다. 눈이 스르르 감기고 꾸벅꾸벅 졸리기까지 했다. 그런 나를 바라보며 할머니가 말씀하셨다.

"이제 집에 가거라."

"응. 할매. 미안하데이. 내 다음에 또 올게. 잘 있어요. 바이바이~!"

손을 흔들며 인사를 드리니 오른손을 약간 힘겹게 드셔서 손을 흔드신다. 그게 할머니와의 생애에서 마지막으로 나눈 대화였다.

이틀이 지난 월요일 저녁. IVF 리더 모임을 위해 저녁을 먹고 모임 장소로 가고 있었는데 엄마로부터 전화가 왔다.

"엄마. 무슨 일로 전화했어요?"

"진아. 아무 소리 말고 빨리 요양병원으로 와라."

"왜? 무슨 일인데?"

"빨리 오라면 그냥 빨리 와라."

그 말을 듣는 순간 뭔가 기분이 이상했다. 분명히 할머니에게 뭔 일이 생긴 거 같았다. 만사를 제치고 병원으로 가니 이미 할머니의 얼굴에는 하얀 이불이 덮여 있었다. 그렇게 할머니는 세상을 뒤로하며 눈을 감으셨고, 하나님 아버지 품에 안겨 영원한 안식을 누리러 천국으로 떠나가셨다. 그때 할머니 연세는 96세셨다.

할머니를 장례식장에 모시고 빈소에서 장례를 치르는 중에 고모님으로부터 할머니에 관해서 이야기를 듣게 되었다. 할머니는 처음에는 예수님을 믿지 않았다고 한다. 할머니가 교회에 다니게 된 배경은 이렇다.

원래 우리 아버지를 낳기 전에 할머니에겐 두 아들이 있었다. 나에게는 큰아버지, 작은 아버지였다. 그 당시에는 전쟁 중이라 집 근처 산에는 총알과 불발탄이 많았다고 한다. 그런데 두 분이 불발탄 근처에서 놀다가 잘못하여 폭발하게 되었단다. 그 자리에서 두 분은 목숨을 잃게 되었고, 할머니는 큰 충격에 빠지셨다. 제정신으로 지내지 못하셔서 심지어 미쳐버렸다는 소리를 들었을 정도셨다. 가족, 친척 모두 할머니를 위해 굿을 하고, 좋은 약을 써 보았으나 소용이 없었다고 한다.

그러던 중 동네 이웃의 권유로 교회에 다니게 되었고, 예수님을 영접하게 되었다. 그 후, 할머니는 정신을 차리셨고, 고통스러운 삶에서 건짐을 받으셨다. 게다가 얼마 후 임신을 하여 아들을 낳게 되셨는데, 그 아들이 바로 우리 아버지다.

할머니는 다시 집안 대를 이을 후손을 주신 하나님께 감사하며 주님을 믿었다. 그러나 영접 이후 할머니의 삶은 평탄하지 않았다. 이유는 잘 모르지만, 할아버지와 사이가 나빠져, 할아버지는 집을 떠나 다른 할머니와 새살림을 차렸다고 한다. 그래도 할머니는 혼자 아버지와 고모를 양육하고 신앙을 지키면서 힘든 시간을 잘 살아오셨다.

그러한 훌륭한 신앙은 오늘날 나에게까지 전수되었다. 하나님께서는 할머니의 삶을 통해 우리 가정이 예수님 믿는 가정이 되게 하셨다. 태초부터 하나님의 오랜 계획 속에서 우리 집안은 구원을 받았다. 지금 내가 예수님께 속한 것은 하나님 아버지의 끝없는 넓고 진한 사랑의 결과다.

성경에 등장하는 인물 중에서 디모데라는 사람이 있다. 그는 사도 바울이 아끼는 아들과도 같은 동역 자였으며, 에베소교회를 담당하고 있는 사역자였다. 청년이었던 디모데를 격려하기 위해서 바울은 편지를 썼는데 다음과 같은 말을 남겼다.

"나는 그대 속에 있는 거짓 없는 믿음을 기억합니다. 그 믿음은 먼저 그대의 외할머니 로이스와 어머니 유니게 속에 깃들여 있었는데, 그것이 그대 속에도 깃들여 있음을 나는 확신합니다. (디모데후서 1:5, 새번역)"

"그대는 어려서부터 성경을 알고 있습니다. 성경은 그리스도 예수를 믿는 믿음으로 말미암아 그대에게 구원에 이르는 지혜를 줄 수 있습니다. (디모데후서 3:15, 새번역)"

디모데의 믿음의 시작은 그의 외할머니 로이스로부터 시작되었고, 어려서부터 성경을 알고 있게끔 힘쓴 이는 어머니 유니게였다. 디모데에게 주어진 귀한 믿음의 유산이었다. 바울은 디모데에게 에 베소교회의 지도자로서 자질이 충분하니 힘을 내어 교회를 잘 섬기 라 말하며 격려하였다. 나는 디모데처럼 교회를 이끄는 리더는 아니 다. 그러나 할머니라는 신앙의 유산을 통해 하나님의 택하심을 받은 점은 디모데와 동일하다. 그래서 모태신앙으로 태어난 것에 대해서 감사하다.

이 세상을 살아가는 동안 하나님 나라를 소망하며 찬송과 말씀을 쉬지 않고 부르시던 우리 할머니. 아마 지금은 하늘나라에서 먼저 간 아들들과 함께 즐겁게 지내고 계실 것 같다. 할머니 사진을 보니 문득 생전에 천국을 소망하며 자주 부르신 찬송이 생각난다. '내 주 를 가까이하게 함은'으로 시작하는 찬송가 338장을 매일 즐겨 부르 셨다. 오늘 지난 날을 회상하며 찬송가 가사를 곱씹어 생각하니 천 국에 대한 소망이 생겨남은 물론이거니와, 살아계실 적에 나를 사랑 해주신 할머니가 유독 보고 싶어졌다.

"보라 내가 너희에게 비밀을 말하노니 우리가 다 잠 잘 것이 아니 요 마지막 나팔에 순식간에 홀연히 다 변화되리니 나팔 소리가 나매 죽은 자들이 썩지 아니할 것으로 다시 살아나고 우리도 변화되리라. (고린도전서 15:51~52)"

04

덕분입니다

"우리 오늘 뭐 먹을까요? 자장면에 탕수육 시켜 먹을까요? 알아보니까 여기 중국집에 세트 메뉴가 있더라고요. 1번 세트 메뉴가 탕수육+만두+자장면 두 그릇+음료 해서 17,000원이에요."

"그래. 그럼 그렇게 시켜 먹자."

엄마와 나는 오늘 먹을 저녁 메뉴를 정하고 전화기를 들고 있었는데 아버지가 차를 주차하고 집에 올라오셨다. 중국집에서 탕수육이 포함된 세트 메뉴를 시키려고 한다고 하니 아버지께서 한마디 하신다.

"오리고기 먹으러 안 가나?"

"당신 어디로 갈려고? 옥동에 있는 오리고기 전문점이요?"

"아니. 거기 있잖아. 우리 가는데. 구 방송국에 있는 오리 XX."

'오리 XX' 는 우리 가족이 행사 있을 때마다 가는 오리고기 전문점이다. 가족 모두가 좋아하는 메뉴이기도 하지만 내게도 먹고 나면 배탈 없는 음식이라서 좋다. 모두가 오리고기를 먹기로 동의하고 곧장 옷을 갈아입고 밖으로 나갔다. 오리 XX는 집에서 걸어가면 10분 정도 되는 거리에 있다. 어둑어둑한 거리를 천천히 10여 분 정도 걸어가니 어느새 가게 앞에 도착했다. 노란색 바탕의 간판인 이곳은 그다지 큰 가게는 아니다. 평소에도 손님이 그렇게 많지는 않지만, 오늘따라 한 사람의 손님도 없었다. 4인 기준 6가구가 좌식으로 앉을 수 있는 규모의 작은 가게. 손님은 우리 가족뿐이었다.

"안녕하세요."

"어서 오세요."

가게 사장님은 60대 중반 정도의 중년의 여성이다. 시간 있을 때 서빙을 도와주는 남편과 함께 두 사람이 가게를 운영하고 있다. 우리는 자리에 앉아 오리 불고기 한 마리를 시켰는데 3명이 먹기에도 충분한 양이다. 주문하고 나서 몇 분 동안 대화를 나누고 있으니 사장님은 초벌구이 한 오리 불고기를 테이블에 올려주었다. 고추장 먹은 붉은 빛을 띤 오리고기가 파와 표고버섯을 비롯한 각종 야채와 냄비 안에서 조화를 이룬 모습을 보니 침이 고이기 시작했다. 불을 올리니 냄새까지 향긋하게 코를 자극하면서 소화 분비물이 촉진됐는지 배에서 꼬르륵 소리가 났다. 어느 정도 익었는지 알아보려고 오리 불고기를 한 점씩 젓가락으로 집어 먹어봤다. 혀에 들어가니 그야말로 꿀맛이었다. 다 익었으니 어서 드시라고 말씀드리고 우리 가족은 맛있게 오리 불고기를 즐겼다.

한참 먹다 보니 양이 얼마 남지 않게 되었다. 약간 남은 고기, 기름, 야채는 밥을 볶아먹기로 하고 밥 2인분을 추가했다. 5분 정도 지나니, 사장님이 볶아먹을 재료를 가져와서 밥을 맛있게 볶아주었다. 밥을 볶는 동안 우리 가족은 사장님과 잠시 대화를 나누게 되었다. 엄마가 먼저 말을 건넸다.

"우리 여기 자주 왔어요. 매년 가족 행사가 있으면 여기서 먹었는데 재작년에는 우리 큰아들하고 며느리도 같이 와서 먹었어요. 그때 맛있게 다 같이 먹었는데 그때 다른 분이 사장님이었는데......"

"아휴. 이전에 가게 사장님은 사실 우리 계모임의 계원이었어요. 남편이 돌아가셔서 그 후로부터 손 놓다시피 하시다가 결국 제가 인수하게 되었어요."

"아. 그래요. 어쩐지."

"제가 인수하고 나서는 장사 안 하시는 줄 알았는지 처음에는 손님이 없었어요. 그러다가 작년부터 조금씩 손님들이 찾아오셔서 안정되었지요. 저는 손님들이 많이 찾아올 정도로 장사를 하지 않아요. 급한 일 있으면 가게 문 닫고 쉬어요. 그래서 요즘은 손님들한테 미리 예약 받아서 장사해요."

대화가 무르익어 가는데 엄마의 한마디가 기억에 남았다.

"저는 오늘처럼 이렇게 배부르게 먹는 게 참 기분이 좋아요. 평소에 밥 먹으면 이렇게 배부르게 안 먹거든요. 안 그래도 살쪄야지, 살쪄야지 하는 데도 많이 안 먹히더라고요. 그런데 오늘 나와서 먹으니까 이렇게 배부르게 먹게 되네요."

그 말을 듣는 데 기분이 좋았다. 엄마가 누군가가 해주는 식사를 배부르게 먹을 수 있어 좋았다니까 말이다. 한편으로는 마음이 짠하기도 했다. 엄마는 형이나 나나 태어날 때부터 늘 우리의 끼니를 걱정하면서 식사를 챙겨 주었기 때문이다. 서른이 넘어서도 독립하지 못한 채 항상 엄마가 준비해주는 아침밥과 저녁밥을 챙겨 먹는다. 심지어 온종일 집에 있는 날에도 삼시 세끼 엄마의 식탁으로 끼니를 거르지 않게 된다. 매일 같이 엄마의 그러한 수고를 당연히 여긴 것은 아닌가 하는 생각이 들었다.

매일 식사메뉴와 찬거리를 고민하는 것은 보통 일이 아니다. 서울에서 혼자 살았을 때도 매일같이 식사메뉴를 생각했다. 매번 밖에서 사 먹기에는 식비가 많이 들었기에, 늘 반찬을 조금씩 사다가 고시원에서 해놓은 쌀밥과 함께 먹었다.

'오늘은 뭐 먹지? 돼지고기를 넣은 김치찌개? 아니면 유부초밥을 싸서 먹을까? 미니 김밥을 싸서 먹을까? 아니다. 그것도 귀찮아. 그냥 고추 참치를 사다가 밥에다가 김 싸서 먹자.'

늘 이런 식으로 끼니를 때우곤 했다. 지금 생각해보면 나도 서울에서 잘 살아가려고 끈질기게 끼니를 생각했었나 싶다. 그러다가 다시 울산으로 내려와서 부모님과 사니 그런 고민은 하지 않게 되었다. 우리 식구의 메인 셰프인 엄마가 대신 고민하여 매 끼 식사를 준비하기 때문이다.

뭐 어디 식사뿐이랴. 엄마는 항상 우리 아들들에게 헌신하셨다. 엄마 뱃속에서부터 지금까지 엄마의 사랑과 돌봄이 없었다면 지금의 형과 내가 있었을까 싶다. 내가 어릴 적엔 학교를 다녀오면 엄마와 점심을 먹었던 것이 기억난다. 맛있는 반찬도 물론 좋았지만, 밥에

물 말아서 먹었던 김치가 생각난다. 약간 데운 따뜻한 보리차를 밥에 부어서 죽처럼 된 밥에다가 김장한 지 얼마 되지 않은 숨이 덜 죽은 배추김치를 엄마는 손으로 쭉 찢으신다. 그런 다음 밥숟가락 위에 김치 한 조각을 올려주시곤 했다. 입에 넣는 순간 약간 맵싸리하지만, 김치와 구수한 죽밥의 조화는 잊을 수 없는 어린 시절의 추억의 맛이었다.

사랑이 가득한 밥을 먹고 자란 나는 엄마의 따뜻하고 헌신적인 사랑 덕분에 지금까지 잘 성장했다. 물론 아직 독립하지 못한 철없는 아들이지만, 지금부터라도 조금씩 엄마가 주신 사랑에 보답하며 살고 싶다. 이번에는 용돈 드리는 것으로 엄마의 생신을 축하해드렸지만, 앞으로는 우리 엄마가 기분 째지도록 배부르게 식사하실 수 있게 맛집 찾아가며 모시고 싶다. 아니면 내가 요리를 배워서 직접 만든 요리로 살찌는 것이 소원인 우리 엄마를 기쁘게 해드리고 싶다.

엄마를 이 세상에 태어나게 하시고 그녀를 통해서 내가 세상에 존재할 수 있게 하신 하나님께 감사하며 살아가야겠다. 더 나아가 그 받은 사랑을 세상과 이웃에 전하여 선한 영향을 주고 싶다. 엄마를 통한 하나님의 깊은 사랑 덕분에 나는 오늘도 기쁘게 살아간다.

"예수께서 자기의 어머니와 사랑하시는 제자가 곁에 서 있는 것을 보시고 자기 어머니께 말씀하시되 여자여 보소서 아들이니이다 하시고 또 그 제자에게 이르시되 보라 네 어머니라 하신대 그 때부터 그 제자가 자기 집에 모시니라. (요한복음 19:26~27)"

05

억울함과 울분도 맡기고

2003년 초여름. 안 끝날 것 같았던 중간고사 기간이 막을 내렸다. 그 시절에는 친구들과 시험을 마치면 항상 노래방에서 노래를 부르며 스트레스를 풀곤 했다. 이번에도 중간고사가 끝나자마자 노래방에 가기로 했는데, 친구 동훈이가 솔깃한 제안을 했다.

"야. 이번에 시험 끝나면 시내 가서 놀자. 거기서 옷하고 신발도 좀 살라고. 그 다음에 노래방 갔다가 오락실 가자. 공업탑 주변에서 노는 것보다 더 재밌을 거다."

"그래. 그러자."

울산에서 시내라고 말하는 곳은 성남동 일대를 말하는데 지금도 그렇지만 내가 10대였던 시절에도 그곳은 10대에서 20대 젊은 사람이 주로 노는 곳이다. 시내를 간다고 하니 그냥 갈 수 있겠는가. 최대한 멋지게 꾸미고 입었다. 형이 입던 검은 가죽 재킷과 끝단이 너덜너덜한 시퍼런 청바지를 입고, 교회 같이 다니는 형이 물려준 앞이 뾰족하고 색이 불그스름한 구두를 신고 나갔다. 스포츠형 머리에는 무스를 발라 잔뜩 힘을 주었다. 옥동에서 친구들을 만나서 시내로 향했는데, 버스에서 내려서 걷는데 토요일이라 그런지 사람들이 많았다. 우리 또래의 예쁜 여학생도 많이 보였고, 길거리 음식 파는 곳이 곳곳마다 보였다. 오늘 하루를 상상하니 어깨는 으쓱 올라오고, 마음은 설레다 못해 춤이라도 추고 싶은 심정이었다. 아무튼 우선 옷과 신발을 산다고 했던 동훈을 따라 지하 통로에 들어선 상점으로 향했다.

정류장에 내려 한참을 걷다가 지하 통로에 진입하기 전이었다. 갑자기 누군가 우리 셋을 붙잡았다.

"야. 조용히 따라와라."

정체 모를 고등학생 정도로 보이는 그들은 낮은 목소리로 우리를 위협하다시피 말했다. 억지로 어깨동무를 하고, 걸어가던 길과는 정

반대의 길로 우리를 데려가기 시작했다. 키도 크고 나이도 우리보다 많아 보였던 그들을 뿌리칠만한 힘이 내게는 없었다. 그냥 겁에 질린 채 어리둥절 표정을 지으며 말없이 끌려가게 되었다.

그렇게 한 3분을 걸었을까. 반구동에서 오는 버스정류장 근처를 지날 즈음이었다.

"어. 동훈이. 니네 어디 가는데?"

같은 반 친구 정환이었다. 맞은편에서 어깨동무 당한 채 끌려가던 우리를 보고 인사를 한 것이다. 그 순간, 동훈이는 그들의 어깨동무를 뿌리치고 잽싸게 정환이에게 달려갔다. 나와 진영이는 용기를 못내서 뿌리칠 생각도 못 하고 계속 형들에 의해 끌려갔다. 지금 생각해보니 동훈의 판단이 참 빨랐던 것 같다. 어쨌든 그렇게 해서 그는 피해를 보지 않았으니까 말이다.

2분을 더 걷다가 근처 건물로 우리를 데리고 갔다. 인적 드문 어두컴컴한 지하. 불도 꺼진 지하 통로로 이끌었던 그들은 5명 정도 되었는데 우리가 도망갈 길을 막았다. 빛도 잘 안 들어오는 곳에 서 있으니 그들의 얼굴도 자세히 보이지 않았다. 중간에 서 있던 한 사람이 말했다.

"야, 둘이 가진 거 다 내놔."

진영이와 나는 주섬주섬 가진 것을 꺼내기 시작했다. 돈을 꺼내려고 주머니에 손을 넣으니까 이런 협박도 했다.

"뒤져서 나오면 십 원에 한 대씩이다. 좋은 말할 때 있는 거 다 내놔라."

돈 뺏기기는 싫었다. 그런데 맞기는 죽기보다 더 싫었다. 결국 주머니와 지갑을 꺼내 있는 돈, 없는 돈 다 내놓았다. 막상 지갑을 꺼내 들고 천 원짜리 지폐를 건네주며 아까워했다.

'아이고. 내 8천 원......'

진영도 돈을 주었다. 그런데 진영이의 돈을 건네받은 사람이 말했다.

"아이 XX. 겨우 이거밖에 없냐? 3천원 이게 다냐?"
"네. 진짜 이거밖에 없어요."

그때 그들 중 함께 있던 사람 중 한 명이 말했다.

"야. 빨리 나가자. 지금 가야 한다."
"알겠다. 야! 너거 둘. 우리 가고 5분 있다가 나와라. 지금 나오면 죽는다."
"네."

그렇게 둘이 아무 말 없이 5분을 어두운 곳에 서 있었다. 진영이와 나는 그렇게 말로만 들어봤던 돈을 갈취 당했는데, 소위 경상도 사투리로 삥 뜯기게 된 것이다. 그러다가 그들이 가고 적당한 때에 지하에서 올라오니 정환이 저 멀리서 보였다. 우리에게 달려온 정환이는 다급한 목소리로 말했다.

"금마들 어디 갔노. 동훈이가 좀 전에 지구대 가서 경찰에 신고했다. 좀 있으면 올 거다."

그러더니 곧 경찰 아저씨들이 도착했다. 아저씨들이 물었다.

"그 녀석들 어디로 갔는지 아니?"
"아뇨. 잘 몰라요. 제가 밖에서 보니 이쪽으로 간 거 같아요."

정환이가 가리킨 방향으로 경찰 아저씨들과 우리들은 함께 뛰어 갔다. 나는 얼굴을 기억하지 못했지만, 다행히도 정환이와 진영이는 그들의 얼굴을 기억하고 있었다. 아마도 쫓아가면 잡을 수 있을 거 같은 생각이 들었다. 경찰 아저씨들과 한참을 달려 시내 근처 오락 실과 이곳저곳을 살폈다. 한참을 그렇게 찾았으나, 결국에는 찾을 수 없었다. CCTV 마저도 없던 사각지대에서 당했던 터라 아쉬웠다. 경찰 아저씨들은 삥 뜯긴 우리를 위로해주었고, 혹시나 그들을 잡게 되면 연락해준다고 했다. 고맙다는 말을 한 우리는 경찰 아저씨들이 지구대로 되돌아가는 모습을 지켜볼 수밖에 없었다.

돈을 삥 뜯긴 우리는 그날 하루를 제대로 놀지 못했다. 기분도 그 렇지만 돈이 없으니 할 수 없이 집으로 일찍 돌아왔다. 귀가해서 다 시 생각하니 너무나 기가 막혔다. 자신들의 이기심을 채우기 위해서 돈을 빼앗고, 협박한 고등학생들을 도무지 이해할 수가 없었다. 덕 분에 기분 좋은 하루를 망쳤고, 마음도 망가져서 속에서 천불이 났 다. 심지어 그들이 천벌 받아 죽었으면 좋겠다는 저주까지 하기에 이르렀다.

인생을 살다 보면 대부분 사람이 참 억울하고 분한 일을 많이 겪는 다. 나처럼 강제로 돈을 뜯긴 사람도 있겠지만 사기를 당해서 투자 한 돈을 모두 날린 사람도 있을 것이다. 아니면 아무 잘못 없이 무차 별 폭력을 당한다든지 심지어는 타인으로부터 목숨을 빼앗기는 상황이 닥치기도 한다. 얼마나 억울했으면 우리 속담에 '죽어서도 원귀가 되어서 구천을 떠돈다.' 라는 말이 있지 않은가? 아무튼 사람이라면 세상 살아가면서 한 번쯤은 어처구니없는, 이해하기 힘든 상황 속에서 억울함과 분노를 경험한다.

성경에서도 억울함을 겪게 되는 사람의 사례가 많이 있다. 그중에서 한 사람을 뽑자면 다윗 왕을 빼놓지 않을 수가 없다. 그는 파란만장한 삶을 살았던 사람이다. 사울 왕의 미움을 받아서 수십 년간 도망자로 살았다. 블레셋 왕 아기스 앞에서 미치광이 행세를 하며 목숨을 부지했으며, 망명한 블레셋 땅시글락이라는 곳에서 살도록 허락받게 된다.

망명생활을 해서 잘 살았으면 좋았을 것이다. 그런데 다윗과 부하들이 전쟁터로 출병한 사이, 아말렉 족속이 다윗의 본거지를 침략하여 모든 재산을 강탈하고 처자식을 납치해갔다. 가족과 재산을 빼앗긴 다윗과 그의 부하 모두 슬퍼서 기력이 없을 때까지 소리 높여 울었다. 억울함과 분함이 극도에 달했던 탓에 그들은 오히려 지도자인 다윗을 돌로 치자고까지 했다. 곤경에 빠진 다윗. 그는 침착하게 하나님을 굳게 의지하여 기도했다. 그러자 하나님께서 응답해주셨다.

"그를 쫓아가라 네가 반드시 따라잡고 도로 찾으리라. (사무엘상 30:8)"

하나님의 말씀에 용기를 얻은 그는 부하들을 이끌고 가다가 들에서 쓰러진 남자를 발견한다. 남자를 구한 다윗은 아말렉 사람들의 종이었던 그의 말을 듣고 아말렉 사람들을 따라잡게 되었다. 다윗은 밤에 그들을 기습했고, 승리하게 되었다. 그리하여 다윗과 부하들은 자신들의 가족과 재산을 되찾을 수 있었다.

위의 성경 속 사례처럼 억울함과 분함이라는 감정, 그 자체에 매몰되어 있으면 스스로 망가지거나 아무 잘못 없는 타인에게 피해를 줄 수 있다. 막상 화를 내면 기분은 풀릴지도 모른다. 그러나 그것이 근본적인 해결책이 아니며, 시간이 지나면 잊게 된다는 말도 더더욱 아니다. 왜냐하면 나의 경우가 그랬다. 잊었다고 생각했지만, 때때로 안 좋은 기억이 다시 떠올랐다. 그럴 때마다 그들에 대한 분노가 치밀어 매번 머릿속으로 복수를 상상하곤 했다. 과거의 사건에 매여 자유롭지 못하게 사는 자신이 참으로 초라했다. 어쨌든, 이 문제에서 벗어나 자유로워지고 싶었다.

그런데 내가 찾은 답은 의외로 간단했다. 하나님 앞으로 나아가서 감정을 다스리게 해달라고 기도하고, 문제를 마주하는 마음가짐과 방법을 구했다. 그렇게 하니까 하나님께서는 새로운 시각을 주셨으며, 그로 인한 달라진 마음가짐으로 과거의 사건을 재조명하고 재해석하게 하셨다.

그 시절에는 몰랐지만, 뺑 뜯기는 순간, 하나님께서는 은밀히 나를 돌보고 계셨다. 돈 뜯기는 경험은 그다지 유쾌하지도 않았고, 빼앗긴 돈도 되찾지 못했다. 그런 곤란한 상황에 부닥친 내게 대다수의 사람은 관심조차 없었지만, 용기 내서 도움을 주었던 친구 정환이를 생각해보니 감사한 마음이 든다. 또한, 늦었지만 도움을 주기 위해 출동 나온 경찰 아저씨들도 진심으로 고마웠다. 그리고 고등학생 집단으로부터 얻어맞지 않고 풀려난 것도 얼마나 다행인지 모르겠다.

　만약 지금까지도 억울함과 분함에 사로잡혀서 도움을 준 사람에게조차 감사하지 못한다면 원망과 불평에 사로잡힌 채 지옥 같은 삶을 살았을지도 모르겠다. 비록 그때는 빼앗겨서 분하고 억울했지만, 기억은 적절히 희석되고, 사건을 바라보는 태도가 달라져서 평온함을 누릴 수 있었다. 또한, 차라리 그냥 불쌍한 '고딩'에게 기부한 거로 생각하게 되니 마음이 더 편안했다. 왜냐하면 재물을 주신 이도 하나님이시고, 거두어 가시는 이도 하나님이시기 때문이다. 그러니 더는 과거의 일에 연연하지 않게 되었다. 억울함과 분함에 자신을 침체시키지 말자. 그저 의연하고 담담하게 하나님을 바라보면서 그분의 사랑과 자비를 실천하며 살았으면 한다.

　그래도 억울함과 분함이 가시지 않을지도 모르겠다. 그러면 공의의 하나님께 기도해보자. 재판장 되시는 하나님께서는 자녀들의 억울함과 기도를 외면하지 않으시고, 선한 자와 악한 자에게 반드시 보응하시는 분이시다. 필히 하나님의 자녀를 괴롭힌 악인을 엄중히 심판하실 것이다. 선한 이들을 괴롭힌 죄의 대가를 톡톡히 치르게 하실 것이다. 그러니 원한에만 사로잡혀 있지 말고 이미 주신 것을 감사하면서 지내기를 권한다. 악을 심판하는 일은 하나님께 있으니 그분께 모두 맡기길 바란다.

"내 사랑하는 자들아 너희가 친히 원수를 갚지 말고 하나님의 진노하심에 맡기라 기록되었으되 원수 갚는 것이 내게 있으니 내가 갚으리라고 주께서 말씀하시니라. (로마서 12:19)"

06

예수뿐입니다

2018년 11월 중순이었다. 아파트 관리사무소에서 근무한 지 4개월 차가 되는 달이었는데, 평소처럼 출근해서 회의를 끝낸 후 오전 업무를 볼 준비를 하고 있었다. 오늘 방문해야 할 세대의 목록을 확인하는 중에 관리소장이 말했다.

"이 기사. 잠시 나 좀 보지."
"예. 소장님."

소장님은 자리에 앉아계신 과장님께도 말씀하셨다.

"과장님 바쁘신가요? 저하고 같이 들어가시지예."

"알겠습니다."

그러고는 공구 창고로 들어가셨다. 그곳은 업무를 위한 다양한 공구들이 있었을 뿐만 아니라 점심을 먹기 위한 장소였는데 테이블과 의자도 있었다. 나 또한 소장을 따라 공구 창고로 들어갔다. 이어서 과장도 들어와서 자리에 앉았다.

"이 기사. 거기 문 닫고 여기 앉아봐."
"네."

문 닫고 들어오라는 소장. '드디어 올 것이 왔구나.'라는 생각이 들었다. 지난달, 소장 앞에서 계약서를 쓰면서 면담을 했다. 그는 신입으로 내게 처음 얼마 동안은 수습으로서 근무를 얼마나 잘하는지 일정 기간 평가를 한다고 전했다. 평가를 좋게 받으면 계약을 연장할 것이고, 무사히 1년을 근속하게 된다면 이후에는 1년 단위로 계약서를 쓴다고 했다. 1개월 계약서를 쓰고 난 후에는 3개월 계약서를 쓰는데, 지금껏 나를 지켜보면서 업무능력이 많이 떨어진다고 했었다. 앞으로 3개월간 열심히 일하면서 지켜보겠다고 했는데, 3개월이 다 되기 전에 부른 것은 아무래도 나에 대한 중대한 결정을 내린 것이 분명했다.

"이 기사. 내가 지난달에 계약서를 쓰고 한 달을 쭉 지켜봤는데, 이 기사는 아무래도 여기 우리 일이 안 맞는 거 같아. 다른 일을 알아보는 게 좋을 것 같은데. 원래 계약대로라면 다음 달까지인데 그때까지 내가 시간을 줄 테니까 한번 다른 일 알아봐라."

"네. 알겠습니다."

"과장님은 하실 말씀 없으신가예?"

"소장님께서 말씀 다 하셔서 제가 따로 할 말은 없는 것 같네요. 아무튼, 이 기사. 내가 자네를 쭉 지켜보니까 이쪽 일보다는 사무 일이 맞는 거 같아. 차라리 공부해서 공무원 하는 게 맞을 거 같아."

"네."

사실 아파트 관리기사는 원래 내 직업의 1순위는 아니었다. 진짜 하고 싶은 직업은 '소방시설관리사'였다. 2018년 1월, 재취업을 위해 취업 성공패키지를 신청했는데, 유망직업을 알아보던 중에 소방시설관리사를 알게 되었다. 자격증만 갖추어도 연봉이 6,000~7,000만 원 받는다고 하니 먹고 사는 데는 충분한 고소득 직업이었다. 그래서 시험 준비를 해봐야겠다고 생각했는데 알고 보니 소방 관련 자격증을 취득하고 일정 이상의 소방 실무경력이 있어야 시험을 치를 수 있었다. 관련 학과를 졸업한 것도 아니고 공대를 나오지도 않아서 산업 기사 자격도 없어서 희망을 접어야 하나 생각했다.

그런데 해결책을 찾던 중 하나 희망을 발견하게 되었다. 나 같은 사람이 최대한 빠르게 시험을 볼 수 있는 커리큘럼은 위험물기능사 취득 후 소방 실무경력 3년을 채우는 것이었다. 실무경력은 소방관리 업체에서 실무경력을 쌓거나 아파트나 건물 기사로 들어가서 경력을 만들 수 있었다. 또한, 위험물기능사 하나 정도로는 경쟁이 되지 않을 거 같아서 전기기능사도 준비하기로 마음먹었다.

그리하여 전기기술과 관련된 국비학원에 다니면서 전기기능사와 위험물기능사를 동시에 준비했었다. 열심히 노력한 덕분에 5개월 만에 위험물기능사를 취득하고, 실기는 떨어졌지만 전기기능사 필기에 합격하게 되었다. 국비 수업 이수 전부터 채용사이트에 소방업체 구인공고를 확인하고 이력서를 제출했지만, 소식이 없었다. 비교적 구인공고가 많았던 아파트 시설관리로 방향을 잡아서 이력서를 지원하게 되었다. 미리 전화하고 이력서 제출하면서 면접을 보기도 했다. 처음 시도는 불합격이었으나 두 번의 면접 끝에 중구의 어느 아파트에서 관리기사로 채용되어 근무하게 되었다.

그런데 소방안전관리 보조로 선임되고 몇 달간 아파트에서 일하고 보니 소방업무는 실질적으로 그리 많지 않았다. 오히려 다른 공용시설과 민원업무가 많았다. 다양한 일을 한꺼번에 적응하기 힘들었던 나는 숙련된 선임 기사들의 업무속도를 따라갈 수 없었다. 업무를 개선해보려고 했지만 쉽지 않았다. 일을 못 해서 혼나는 빈도가 부지기수였고, 자신감은 점점 떨어져 갔다. 결국, 소장님뿐만 아니라 모든 직원의 눈에는 더는 함께할 수 없는 사람으로 평가받게 되었다.

면담하고 일주일 뒤에 나는 사직서를 작성하였고, 11월까지 근무하고 퇴사를 하게 되었다. 타의로 일자리를 잃은 적은 처음이었다. 예전에는 주유소 알바를 2주 하다가 잘리기도 했지만, 지금 받은 충격에 비하면 새 발의 피였다. 스스로 무가치한 사람처럼 느껴졌고, 무력감에 젖어서 더는 아무것도 할 수 없을 것 같았다. 한동안은 집에서 늦잠도 자고 밖에는 일절 나가지 않았다. 심지어 잘 씻지도 않고 종일 방에만 틀어박혀 있었다. 다가올 밝은 미래는 보이지 않았다. '보험료는 이제 앞으로 어떡하지? 적금 든 거도 깨야 하나? 나중에 장가갈 때 모아둔 돈 없이 어떻게 하나?' 하며 오히려 걱정만 늘어갔다.

뭘 해야 할지 몰랐다. 그러다가 전부터 가고 싶은 곳이 생각났다. 드라마 서동요를 좋아해서 드라마 세트장에 한번 가보고 싶었는데, 모처럼 시간이 생겼으니 이번 기회에 실천하기로 했다. 그래서 일자리를 바로 알아보는 것을 접고, 잠시 여행을 떠났다. 무엇보다 여행 가는 이유는 4개월간 일하느라 수고한 나에게 여행이라는 선물을 주고 싶었기 때문이다. 1박 2일간 부여를 여행하면서 잊었던 여유를 되찾게 되었다. 그러다가 얼마 안 있으니 2019년 신년을 맞이했다.

새로운 목표를 찾다가 먼저 성경 일독을 하기로 다짐하여 실천하였으며, 취업보다 하나님께 내 마음과 의식을 집중하니 비로소 마음이 평안해졌다.

감사하게도 실업 기간은 그리 길지는 않았다. 한 달하고 8일 만에 그토록 원했던 소방업체에 재취업을 하게 된 것이다. 하나님은 신실하셔서 굶어 죽도록 홀로 내버려 두시지 않으셨다. 우리 속담에도 이런 말이 있지 않은가. 하늘이 무너져도 솟아날 구멍이 있다고. 위기에서 벗어날 길을 하나님께서 예비하신 것이다. 인생의 끝을 아시는 하나님께서 일하고 있음을 깨달았다. 불안하고 염려하고 있던 나를 위해 예수님이 이 땅에 오셨다.

걱정, 불안은 늘 지속하지 않는다. 지나가는 소나기처럼 우리 삶의 순간에 잠시 머문다. 걱정과 불안은 붙들고 있지 말고 놔버리자. 당신의 마음속에 계신 예수님이 짊어지고 있는 짐을 내려놓게 하시고 쉬게 하실 것이다. 인생의 위기가 찾아오더라도 의연하게 대처할 힘을 주신다. 그 대신 각자 스스로 예수님의 멍에를 대신 메자. 예수님께서 이 땅에 오셔서 인간을 조건 없이 사랑하시고 끝까지 사랑을 보이셨던 섬김의 멍에를 기억하자. 서로 사랑하고 섬김으로 마음에 평안을 추구하고 살기를 바란다. 그것이 바로 천국을 누리는 삶이며 하나님 나라를 사는 영원한 삶의 방식이다. 당신이 그런 축복의 삶을 누리는 주인공이 되길 진심으로 바란다.

"수고하고 무거운 짐 진 자들아 다 내게로 오라. 내가 너희를 쉬게 하리라. 나는 마음이 온유하고 겸손하니 나의 멍에를 메고 내게 배우라 그리하면 마음의 쉼을 얻으리니 이는 내 멍에는 쉽고 내 짐은 가벼움이라. (마태복음 11:28~30)"

"주님 주신 기쁨으로 달려가 하나님의 품안에"

인생을 살아가다 보면 즐겁고 행복한 순간도 있지만, 힘든 일과 어려운 일을 겪는 경우도 부지기수인 것이 우리의 삶이다. 가끔은 모든 것을 포기하고 주저앉고 싶을 때도 있다. 하루는 그런 생각이 잠겨서 힘겨워하던 중이었는데, 주일 오전예배 시간에 담임 목사님께서 하셨던 말씀을 듣고 힘을 내게 되었다.

"지금 인생을 사는 것은 힘들고 어렵지만, 결국 이것도 나중에 천국 가면 작품이 됩니다. 그러므로 성도처럼 복된 자가 없습니다."

우리가 사는 인생은 주님이 주신 선물이자 작품이기도 하다. 평생을 살면서 우리는 인생이라는 백지에 삶이라는 글을 채워 넣어가야 한다. 살면서 지우고 싶은 경험과 기억도 성화라는 퇴고를 거쳐 완성된다. 그렇게 완성된 작품은 마지막 날, 천국에 거하시는 하나님 앞으로 드려지게 될 것이다. 그 때문에 우리는 이 작품을 아름답게 완성할 책임이 있다. 그래서 나는 작품이 제작되는 과정을 헛되이 보내고 싶지 않다. 일상을 기록하면서 '나'라는 작품이 완성되어가는 과정을 통해 하나님께서 인생의 주인이심을 고백하길 원하며, 이웃과 함께 그런 복을 함께 나누며 살아가길 원한다. 이러한 삶이야말로 세상의 법칙을 따르지 않고, 주님의 뜻을 따르는 그리스도인으로 살아가는 방법이 아닐까 생각한다.

사실 천국도 거저 주어지는 것은 아니다. 당신도 알다시피 세상과 구별되어 믿음을 지키면서 사는 게 보통 쉽지 않은 일이다. 얼마나 고되고 힘겨운가! 그러나 이 땅을 살아가는 크리스천이 부디 힘을 내었으면 좋겠다. 이미 믿음의 경주를 먼저 시작하신 예수님께서 이미 승리하셨다. 그러니 우리는 그분의 발자취를 따라 최선을 다해 살아가기만 하면 반드시 승리하게 된다.

각자마다 달리고 있는 구간이 모두 다르지만, 인생이라는 믿음의 레이스를 모두가 참여하고 있다. 출발한 지 얼마 안 된 사람, 천국이라는 종착지가 가까운 사람, 모두가 예수님의 고난의 증거를 가지고 있는 좋은 선수들이다. 나도 인생이라는 구간 어딘가를 열심히 달리고 있는 선수 중 한 명이며, 평범한 어느 한 교회의 신자다. 비록 좋은 실력을 갖춘 선수는 아니지만, 천국이라는 종착지까지 포기하지 않고 끝까지 달려갈 열정이 있고, 믿음의 레이스를 무사히 마칠 수 있도록 예수님께서 함께하심을 믿는 사람이다.

모두가 함께 이 믿음의 경주를 일상에서 잘 뛰었으면 하는 심정으로 이야기를 썼다. 그러나 이 책의 주인공은 내가 아니라 내게 삶을 허락하시고 인도하시는 하나님이 주인공이심을 꼭 기억했으면 좋겠다. 그 토대 위에서 예수님과 함께 하는 하루하루가 기적이라는 사실을 좀 더 많은 사람이 알게 되길 원한다. 또한, 함께 믿음의 경주를 하는 모든 크리스천이 일상에서 조금이라도 힘을 내고, 주님 주신 기쁨으로 끝까지 달려가 하나님의 품에 안길 수 있게 되길 진심으로 소망한다.

"그러므로 형제들아 더욱 힘써 너희 부르심과 택하심을 굳게 하라 너희가 이것을 행한즉 언제든지 실족하지 아니하리라 이같이 하면 우리 주 곧 구주 예수 그리스도의 영원한 나라에 들어감을 넉넉히 너희에게 주시리라. (베드로후서 1:10~11)"

이 책을 읽고
한 영혼이라도 주님께
돌아왔으면 좋겠다.